ACCESO GRATIS a la Lectura en la Nube

Para visualizar el libro electrónico en la nube de lecture envíe junto a su nombre y apellidos una fotografía del código de barras situado en la contraportada del libro y otra del ticket de compra a la dirección:

AF607677

ebooktirant@tirant.com

En un máximo de 72 horas laborales le enviaremos el código de acceso con sus instrucciones.

JURISDICCIÓN Y REDES SOCIALES

JURISDICCIÓN Y REDES SOCIALES

RAFAEL CABALLERO HERNÁNDEZ
(Coordinador)

tirant lo blanch
Ciudad de México, 2023

En caso de erratas y actualizaciones, la Editorial Tirant lo Blanch publicará la pertinente corrección en la página web tirant.com/mx.

Este libro será publicado y distribuido internacionalmente en todos los países donde la Editorial Tirant lo Blanch esté presente.

Esta obra pertenece a la Colección Editorial Rumbo al Bicentenario. Centro de Investigaciones Judiciales de la Escuela Judicial del Estado de México. Calle Leona Vicario núm. 301, Col. Santa Clara C.P. 50090, Toluca, Estado de México Tel. (722) 167 9200, Extensiones: 16821, 16822, 16804. Página web: http://www.pjedomex.gob.mx/ejem/

Editor responsable:
Dr. Juan Carlos Abreu y Abreu
Director del Centro de Investigaciones Judiciales

Editora ejecutiva:
L. en D. María Fernanda Chávez Vilchis

Equipo editorial:
L. en D. Jessica Flores Hernández
L. en D. Orlando Aramis Aragón Sánchez

Diseño de portada:
Coordinación General de Comunicación Social
del Poder Judicial del Estado de México

La edición y el cuidado de esta obra estuvieron a cargo del Centro de Investigaciones Judiciales del Poder Judicial del Estado de México.

DISTRIBUYE: TIRANT LO BLANCH MÉXICO
Av. Tamaulipas 150, Oficina 502
Hipódromo, Cuauhtémoc, CP 06100, Ciudad de México
Telf: +52 1 55 65502317
infomex@tirant.com
www.tirant.com/mex/
www.tirant.es
ISBN: 978-84-1056-112-0
MAQUETA: Innovatext

Si tiene alguna queja o sugerencia, envíenos un mail a: atencioncliente@tirant.com. En caso de no ser atendida su sugerencia, por favor, lea en www.tirant.net/index.php/empresa/politicas-de-empresa nuestro Procedimiento de quejas.

Responsabilidad Social Corporativa: http://www.tirant.net/Docs/RSCTirant.pdf

Autores

Walter M. Arellano Torres
Juan Carlos Barrios Lira
Mario A. Gómez Sánchez
Paulina Elisa Lagunes Navarro
Osvaldo Paul Suárez Colín

Índice

LA ACTIVIDAD JURISDICCIONAL EN TIEMPOS DE LAS REDES SOCIALES: REFLEXIONES PARA LAS BUENAS PRÁCTICAS JUDICIALES EN EL MUNDO DIGITAL
Walter M. Arellano Torres

PRIVACIDAD, REDES SOCIALES Y JUECES
OSVALDO PAUL SUÁREZ COLÍN

***ETHOS* JUDICIAL Y REDES SOCIALES (ACERCA DEL USO ÉTICO DE LAS REDES POR PARTE DE LAS PERSONAS JUZGADORAS)**
JUAN CARLOS BARRIOS LIRA

PRESENTACIÓN

En el contexto contemporáneo, en el que las redes sociales se han convertido en un espacio primordial para la interacción social y la expresión individual, también han surgido una serie de desafíos legales y jurídicos que requieren una cuidadosa consideración; bajo este contexto surge *Jurisdicción y redes sociales,* obra que se suma a la Colección Editorial *"Rumbo al Bicentenario"* y que aborda las complejas relaciones entre la jurisdicción y el mundo digital.

Jurisdicción y redes sociales busca explorar el impacto de las redes sociales en el ámbito jurídico, examinando cómo estas plataformas han redefinido conceptos como privacidad, libertad de expresión, responsabilidad legal y regulación gubernamental.

En esta obra el lector será guiado a través de un análisis profundo y multidisciplinario sobre cómo las dinámicas en línea están transformando e impactando en el ejercicio de la justicia y la protección de los derechos individuales.

A través de sus capítulos se ofrece una mirada crítica y contextualizada de los desafíos contemporáneos en la búsqueda de un equilibrio entre la moderación de contenido en las redes sociales y el derecho fundamental a la libertad de expresión, especialmente en el contexto de México: ¿Cómo puede el Estado regular eficazmente el discurso en línea sin menoscabar los derechos constitucionales?

Se abordan desafíos como la protección de los datos personales, la cual se ha convertido en un tema candente en la era digital. En este aspecto, se examinan los fundamentos legales y éticos de la protección de la privacidad en línea, destacando la importancia de salvaguardar la información personal en un mundo cada vez más interconectado.

Al avanzar en sus páginas encontraremos también reflexiones teóricas y prácticas sobre cómo los tribunales pueden mantenerse al día tras los cambios tecnológicos, garantizando al mismo tiempo la equidad y la justicia en un entorno digital. Pues los jueces, como guardianes de la justicia, enfrentan desafíos únicos en el uso de las redes sociales, por ello las implicaciones éticas y profesionales del uso de plataformas en línea por parte de los jueces, y cómo estas interacciones pueden influir en su percepción pública y en la imparcialidad judicial, constituyen un tema de especial relevancia en esta obra.

Con un enfoque interdisciplinario y perspectivas que van desde el derecho hasta la ética, *Jurisdicción y redes sociales* es una lectura imprescindible para académicos, profesionales del derecho y cualquier persona interesada en comprender los desafíos y oportunidades que surgen en la intersección entre la justicia y el mundo digital.

Mi más sincero reconocimiento a los autores de esta obra, cuyo arduo trabajo, perspicacia y dedicación han dado vida a *Jurisdicción y redes sociales*. Sus contribuciones han enriquecido enormemente este proyecto, ofreciendo una perspectiva valiosa sobre los complejos temas que aborda. Asimismo, al equipo editorial por su incansable compromiso y su diligencia que han sido fundamentales para hacer realidad esta obra y llevarla a manos del público lector.

Ricardo Alfredo Sodi Cuellar
Magistrado Presidente del Tribunal Superior de Justicia y del Consejo de la Judicatura del Estado de México

JURISDICCIÓN Y REDES SOCIALES, A MANERA DE INTRODUCCIÓN

Las redes sociales han revolucionado notablemente la forma como las personas se comunican. El solo hecho de haber transitado, en enorme medida, de la comunicación física y verbal a la digital y virtual amerita, por sí mismo, una profunda reflexión ontológica y epistemológica. No me parece exagerado aseverar que lo anterior determina un cambio de era. Las redes sociales han transformado tanto al lenguaje humano como a las formas de interacción social y cultural.

Es en este contexto que, durante junio, julio y agosto de 2023, el Centro de Investigaciones Judiciales de la Escuela Judicial del Estado de México llevó a cabo el Seminario de Derecho y Política 2023: "Jurisdicción y redes sociales". El seminario se centró en el análisis de la relación entre la jurisdicción y las redes sociales. El tema es complejo. Por un lado, el uso que hacen los jueces de las redes sociales genera la percepción de que pueden comprometer su independencia al estar sujetos a influencias externas en virtud de que aspiran a ganar popularidad y aumentar el número de seguidores. Por el otro, las redes sociales pueden crear oportunidades para difundir la experiencia jurisdiccional, aumentar la comprensión e interés del público en los asuntos judiciales y fomentar un entorno de justicia abierta y de cercanía con la sociedad. El seminario también tenía como objetivo reflexionar sobre la dimensión humana de las personas juzgadoras y su presencia en las redes sociales, así como desarrollar conciencia respecto de los límites de la vida privada de los jueces y las implicaciones de todo ello frente a la ética judicial.

En efecto, el de la privacidad es un tema transversal en toda esta discusión, el cual adquiere una especial dimensión en su relación con la administración de justicia, específicamente en el papel que juega la protección de datos personales de las personas juzgadoras y las y los servidores públicos que son actores fundamentales del sistema judicial. Las redes sociales evolucionan en un entorno donde la privacidad de estos actores judiciales se ve expuesta a sufrir un menoscabo, ya sea por la exigencia democrática de dotar de mayor transparencia sus actuaciones, como por la gran exposición que pueden llegar a tener derivado de las nuevas tecnologías de información y comunicación, las cuales se despliegan fundamentalmente a través de Internet en forma de redes sociales y que, como ya se dijo, han creado un nuevo modo de participar, interactuar e involucrarse en los asuntos públicos y en la vida democrática de las sociedades modernas.

Los objetivos específicos del seminario fueron: explorar el impacto del uso de las redes sociales por parte de los jueces en el marco de un Estado constitucional y democrático de derecho; determinar si existen límites a la libertad de expresión de las personas juzgadoras que hacen uso de las redes sociales, a la luz del principio de independencia judicial y; analizar el alcance de la vida privada de los jueces y de las ideologías políticas y credos religiosos que profesan y exhiben en redes sociales, frente al compromiso de juzgar con imparcialidad y apego a los deberes éticos de la profesión.

Este libro reúne los artículos académicos derivados de las discusiones que sostuvieron las personas autoras durante las diversas sesiones del seminario, que motivaron la reflexión crítica de los asistentes –principalmente, personas juzgadoras– en torno a los siguientes temas: internet y redes sociales en el contexto de una democracia constitucional; moderación de contenidos y libertad de expresión en internet y redes sociales; el impacto de las redes sociales y la Inteligencia Artificial en el servicio público; influencia de los medios de comunicación y redes sociales en la actividad jurisdiccional; el uso de las redes sociales por parte de las personas juzgadoras (*Global Judicial Integrity Network: Training Judges on Social Media Use*); independencia judicial y redes sociales; acceso a la información y protección de datos personales de las personas juzgadoras; redes sociales y vida privada de los jueces: importancia de la ética judicial.

Hoy me congratulo en señalar que la y los ponentes trascendieron el aspecto meramente teórico y legal, y detonaron, mediante casos reales y recientes de importancia nacional e internacional, el debate entre las personas asistentes, lo cual se complementó con las lecturas que previamente fueron asignadas. Al final de cada sesión se generaron conclusiones pertinentes, que mucho abonaron al contenido de este libro.

Paulina Lagunes Navarro hace una revisión del precepto que indica que el derecho a la libertad de expresión, de acuerdo con la legislación nacional e internacional, tiene limitaciones que son igualmente aplicables a las redes sociales, las cuales, a su vez, están obligadas a respetar y proteger los derechos humanos de sus usuarios. A pesar de ello, uno de los dilemas jurídicos que continúa en debate gira en torno a la regulación de la moderación de contenido y la responsabilidad de los intermediarios, pues de ello depende la garantía de los derechos humanos, especialmente la libertad de expresión en el entorno digital. En consecuencia, algunas entidades federativas han legislado parcialmente sobre la materia, ya sea de manera rígida o laxa, tratando de considerar las situaciones que giran alrededor del procedimiento para la moderación de contenido, los mecanismos de apelación, la transparencia y la rendición de cuentas, entre otros factores.

Mario A. Gómez Sánchez hace referencia a la protección de datos, un derecho fundamental en nuestro ordenamiento jurídico, que ha encontrado especial relevancia en relación con la preservación de la identidad, dignidad y privacidad de las personas. Con el surgimiento de la era digital y el crecimiento de las plataformas de interconexión, las empresas y particulares han acumulado grandes volúmenes de información personal, haciendo que el resguardo de estos datos sea crucial; por lo que su mal uso y las brechas de seguridad pueden resultar en graves consecuencias económicas y sociales.

En su trabajo, Mario Anselmo ofrece un recuento de las normas nacionales e internacionales que buscan proteger la información personal de la ciudadanía, con un énfasis especial en la salvaguarda de datos de niñas, niños y adolescentes. En México, la protección de datos de la ciudadanía, específicamente de niñas, niños y adolescentes, ha adquirido un rango constitucional en tanto que las reformas legales reflejan la adaptación de principios internacionales en su marco jurídico, el cual representa un sistema robusto que atiende a los retos contemporáneos. A través de esta revisión también se pretende evidenciar cómo los preceptos globales sobre la protección de datos han permeado la legislación mexicana, ofreciendo un panorama integral y multidimensional de este derecho esencial.

La protección de datos personales emergió como un derecho fundamental ligado estrechamente a la dignidad de las personas, el cual evolucionó y se ajustó a los retos del entorno digital. Osvaldo Paul Suárez Colín retoma este tema primordial y lo pone en contexto con la privacidad, las redes sociales y las personas juzgadoras. Bajo la premisa de que, a mayor transparencia, mejor democracia, Paul

Suárez hace una excelente revisión sobre la protección de datos personales de los servidores públicos. A partir de un sesudo análisis teórico y normativo, el autor hace una propuesta a favor de las buenas prácticas para la protección de los datos personales en redes sociales por parte de personas juzgadoras. El trabajo abre nuevas brechas para futuras investigaciones.

Walter Martín Arellano Torres nos presenta un novedoso artículo que tiene como propósito esclarecer cómo deben comportarse las personas juzgadoras, desde una perspectiva deontológica, en el plano de las redes sociales, distinguiendo siempre el ámbito de lo público y lo privado. El trabajo se enfoca en las ventajas y desventajas del uso de redes sociales como formas de comunicación institucional de los órganos jurisdiccionales y las personas juzgadoras; así como en los dilemas éticos y el buen manejo de redes por parte de personas juzgadoras, el manejo de crisis y el peligro del populismo judicial. Además, el autor propone un decálogo deontológico para el uso de redes sociales por parte de personas juzgadoras, el cual no es exclusivo para quienes están al frente de la actividad jurisdiccional, si no para cualquier persona que se dedique al ámbito profesional –jurídico o de cualquier índole– principalmente en el ámbito público.

Finalmente, Juan Carlos Barrios Lira cierra el círculo con el tema fundamental sobre el uso ético de las redes por parte de las personas juzgadoras. La reflexión parte del contexto de una sociedad de la información, su alud informativo y el déficit de sentido que ocasiona; para después ubicar el lugar de las redes sociales en la sociedad de la transparencia. Lo anterior le sirve a Juan Carlos para reflexionar sobre la dignidad del encargo judicial, y si las malas personas pueden ser buenos jueces. ¿Abarca la ética judicial la vida privada de las personas juzgadoras? ¿Afecta la imagen pública de la persona juzgadora en su legitimidad judicial y confianza hacia los justiciables? ¿Ser y parecer es lo mismo? De esta forma, se señalan los derechos de las personas juzgadoras en el uso de redes sociales y sus aspectos positivos, así como los principios y valores involucrados. El trabajo tiene la enorme virtud de resaltar la ética judicial como parámetro orientador para el uso de redes sociales.

No resta más que agradecer a todas las personas que hicieron posible desde el diseño del seminario hasta la publicación de esta obra. Desde el inicio y durante todo el proceso, nos percatamos de una ausencia en nuestro país de seminarios e investigaciones sobre la relación entre la judicatura y las redes sociales. No se puede decir que el tema es nuevo, puesto que en otras latitudes ya se han llevado a cabo variados esfuerzos por estudiar la complejidad de esta relación y elaborar pautas de comportamiento. Esperamos que esta obra abone en ese sentido, y para fomentar la discusión entre los demás poderes judiciales de la República. A ello dedicamos este esfuerzo.

El coordinador,

Santa Clara, Toluca
Octubre de 2023

MODERACIÓN DE CONTENIDO Y LIBERTAD DE EXPRESIÓN EN REDES SOCIALES: ¿REGULACIÓN EN EL ESTADO MEXICANO?

Paulina Elisa Lagunes Navarro*

SUMARIO: I. INTRODUCCIÓN. II. PANORAMA DE LA LIBERTAD DE EXPRESIÓN EN EL CONTEXTO DIGITAL. III. GENERALIDADES DE LA MODERACIÓN DE CONTENIDO. IV. REGULACIÓN DE LA MODERACIÓN DE CONTENIDOS EN MÉXICO. V. ALGUNOS DESAFÍOS DE LA MODERACIÓN DE CONTENIDO. VI. CONCLUSIONES.

I. INTRODUCCIÓN

Las plataformas digitales de las redes sociales son espacios de interacción personal cuyo objetivo es el de dialogar, reflexionar, buscar o compartir algunos temas de interés individual o grupal. Sin embargo, también traen consigo algunos retos, sobre todo cuando se trata de ejercer el derecho a la libertad de expresión en el entorno digital.

---

* Doctora en Derecho. Investigadora en el Centro de Investigación e Innovación en Tecnologías de la Información y Comunicación (INFOTEC). Correo electrónico: paulina.lagunesn@gmail.com

En este tenor, el incremento en el uso de las redes sociales en internet ha ocasionado diversos desafíos para la sociedad, dado que, a pesar de que varias personas y comunidades expresan o manifiestan su posicionamiento, ideas e información de cualquier índole, se ha identificado que se puede compartir contenido sensible o desinformar a las personas sobre un tema, e incluso influir sobre ellas en diversas materias como, por ejemplo, en el ámbito electoral.

En ese marco, cada red social (como Facebook o TikTok) establece sus normas comunitarias con la finalidad de informar sobre las conductas dentro de la plataforma, ya sean adecuadas o inapropiadas, así como sus mecanismos de denuncia y apelación. No obstante, la moderación de contenido que emplean las plataformas de las redes sociales ha sido objeto de crítica sobre el poder que tienen dichas redes acerca del flujo de información, de la eliminación o restricción del contenido a nivel global o territorial, del empleo de la inteligencia artificial en la moderación de contenido o del alcance de la responsabilidad de los intermediarios, entre otras situaciones que pueden vulnerar los derechos humanos, especialmente el de la libertad de expresión.

En consecuencia, algunas entidades federativas han comenzado a regular a los intermediarios de las plataformas digitales en materia de moderación de contenidos de las redes sociales y libertad de opinión. Derivado de lo anterior, el propósito de este trabajo es analizar el sistema jurídico mexicano en materia de moderación de contenido de las redes sociales y su impacto al derecho a la libertad de expresión.

II. PANORAMA DE LA LIBERTAD DE EXPRESIÓN EN EL CONTEXTO DIGITAL

La libertad de expresión es un derecho reconocido en diversos tratados internacionales como la Declaración Universal de los Derechos Humanos (DUDH, en su artículo 19), la cual señala que:

> Todo individuo tiene derecho a la libertad de opinión y de expresión; este derecho incluye el de no ser molestado a causa de sus opiniones, el de investigar y recibir informaciones y opiniones, y el de difundirlas, sin limitación de fronteras, por cualquier medio de expresión.[1]

Del mismo modo, el artículo 13.1 de la Convención Americana sobre los Derechos Humanos (CADH) reconoce el derecho a la libertad de expresión (el cual es fundamental para la democracia y el acceso a la información), al afirmar que:

> Toda persona tiene derecho a la libertad de pensamiento y de expresión. Este derecho comprende la libertad de buscar, recibir y difundir informaciones e ideas de toda índole, sin consideración de fronteras, ya sea oralmente, por escrito o en forma impresa o artística, o por cualquier otro procedimiento de su elección.[2]

De forma específica, el referido artículo promueve que las personas puedan expresarse con la mayor libertad posible sin importar el medio por el cual se realice. En ese sentido, a través de los años, se ha observado que la libertad de expresión ha transitado del formato físico (la imprenta) al digital, mediante el uso de internet y las redes sociales, lo cual ha facilitado no solo el ejercicio del derecho a la libertad de opinión, sino, también, el acceso a la información.

---

1 Asamblea General de las Naciones Unidas en París, «Declaración Universal de los Derechos Humanos», 10 de diciembre de 1948, consultado el 2 de septiembre, 2023, https://www.un.org/es/about-us/universal-declaration-of-human-rights

2 Organización de los Estados Americanos, «Convención Americana sobre los Derechos Humanos», 22 de noviembre de 1969, consultado el 2 de septiembre, 2023, http://www.cidh.oas.org/Basicos/Spanish/Basicos2.htm

Es importante recalcar que el derecho a la libertad de expresión se encuentra asimismo reconocido en otros instrumentos jurídicos internacionales, como el Pacto Internacional de Derechos Civiles y Políticos (PIDCyP, artículo 19.2), la Convención sobre los Derechos del Niño (artículo 3º) y la Convención Internacional sobre la Eliminación de Todas las Formas de Discriminación Racial (artículo 4º), entre otros.

Por otro lado, el derecho a la libertad de expresión también considera algunas limitaciones para asegurar el respeto a los derechos o a la reputación de las personas, así como la protección de la seguridad nacional, el orden público o la salud y la moral públicas, de acuerdo con el artículo 13.2 incisos a) y b) de la CADH.

Asimismo, el referido artículo, en su quinto párrafo (13.5 de la CADH), estipula asimismo el tipo de propaganda que queda prohibida, como la guerra, la apología del odio nacional, racial o religioso, la violencia o cualquier otro acto ilegal que vaya en contra de los derechos de una persona (incluyendo su discriminación).

En consecuencia, el artículo 13 de la CADH proporciona igualmente un panorama de los distintos discursos que acarrea la libertad de expresión, como:

a) Discursos protegidos, los cuales se clasifican en tres: 1) político y sobre asuntos de interés público; 2) sobre funcionarios públicos y sobre candidatos a ocupar cargos públicos y otras figuras públicas; y 3) que expresan elementos esenciales de la identidad o dignidad personales.[3]

---

3 Vladimir Alexei Chorny Elizalde et al., *La moderación de contenidos desde una perspectiva interamericana,* (A1Sur-Red en defensa de los derechos digitales, 2022), 7-10, consultado el 2 de septiembre, 2023, https://r3d.mx/wp-content/uploads/moderacion_contenidos_v4A.pdf

b) Discursos no protegidos [que] son aquellos que se encuentran prohibidos y en consecuencia se adoptan medidas restrictivas como la censura previa. En este rubro se hace alusión a la incitación a la violencia; incitación directa y pública al genocidio; y pornografía infantil o abuso sexual de menores.[4]

De lo anterior surge la siguiente pregunta: ¿de qué manera se protege la libertad de expresión y los demás derechos humanos en las plataformas digitales? Para responder a esta cuestión es necesario considerar que la libertad de expresión no es un derecho absoluto, como se observó en el artículo 13 de la CADH, sino que tiene limitaciones, las cuales, para que sean legítimas, deben estar de acuerdo con el Sistema Interamericano de Derechos Humanos.

Para ello, el artículo 13.2 de la CADH establece que el derecho a la libertad de expresión está sujeto a las responsabilidades ulteriores y es aquí, entonces, cuando se aplica el parámetro conocido como "test tripartito", el cual implica que el mencionado derecho:

1) Debe estar expresamente establecido en la ley.
2) Las limitaciones deben cumplir con 3 condiciones: ser idóneas, necesarias y proporcionales.
3) Presentar una evaluación del daño y de la medida debe ser siempre contextual y acorde al caso en concreto.[5]

No obstante, cuando este derecho se ve implicado en internet, se tiene que considerar un cuarto aspecto conocido como "perspectiva sistémica digital". Este concepto hace alusión a que se debe considerar el funcionamiento y características del internet (como red descentralizada, libre y

---

[4] Chorny, *La moderación de contenidos,* 11-13.
[5] Chorny, *La moderación de contenidos,* 14-19.

abierta),[6] con la finalidad de evaluar el impacto, el efecto y la validez para limitar a la libertad de expresión en la red, lo cual se encuentra mediado por el concepto de "proporcionalidad".[7] En este sentido, en 2011 se publicó la Declaración Conjunta sobre Libertad de Expresión e Internet (en adelante Declaración Conjunta), cuyo primer punto señala diversos principios generales, algunos de los cuales son:

— La aplicación de la libertad de expresión es la misma para internet, considerando sus particularidades.

— Las restricciones serán aceptables cuando estén acordes a los estándares internacionales, previstas en la ley y acorde a la finalidad legítima reconocida en el derecho internacional. De igual forma, se hace alusión a la prueba tripartita anteriormente mencionada.

— Se debe evaluar y ponderar el impacto de la restricción en el internet con el propósito de garantizar y promover la libertad de expresión acorde al beneficio de tal restricción frente a la protección de otros intereses.[8]

Además de lo anterior, la referida Declaración Conjunta considera varios otros aspectos como la responsabilidad

---

6 CIDH, «Relatoría Especial para la Libertad de Expresión. Libertad de expresión e internet», (Organización de los Estados Americanos OEA/Ser.L/V/II. CIDH/RELE/INF.11/13, 2013), 5-30, (párrafos 11 y 63), http://www.oas.org/es/cidh/expresion/docs/informes/2014_04_08_internet_web.pdf

7 Catalina Botero Marino et al., *El derecho a la libertad de expresión. Curso avanzado para jueces y operadores jurídicos en las Américas,* (Centro de Estudios de Derecho, Justicia y Sociedad, Universidad de los Andes-Open Society Foundations, 2017), 281, https://www.dejusticia.org/wp-content/uploads/2017/07/El-derecho-a-la-libertad-de-expresi%C3%B3n-PDF-FINAL-Julio-2017-1-1.pdf

8 CIDH-OEA, *Declaración Conjunta sobre Libertad de Expresión e Internet,* 1 de junio de 2011, https://www.oas.org/es/cidh/expresion/showarticle.asp?artID=849

de intermediarios, el filtrado y bloqueo, la responsabilidad penal y civil, la neutralidad de la red y el acceso a internet.[9]

Por último, las plataformas deben apegarse a los Principios Rectores sobre las Empresas y Derechos Humanos, publicados por las Naciones Unidas en 2011, donde se establece que las empresas tienen la obligación de respetar, proteger y garantizar los derechos humanos, así como actuar bajo debida diligencia con un procedimiento transparente y considerar la reparación del daño en materia de derechos humanos, en caso de ser violados.[10]

III. GENERALIDADES DE LA MODERACIÓN DE CONTENIDO

La moderación de contenido, aspecto muy relevante con que deben contar las redes sociales, puede ser definida, *grosso modo,* como:

— el monitoreo, evaluación, categorización, remoción [u] ocultamiento de contenido conforme a políticas de comunicación y de publicidad para propiciar las comunicaciones y comportamientos positivos, y para minimizar la agresión y el comportamiento antisocial.[11]

---

9 CIDH-OEA, *Declaración Conjunta.*

10 Naciones Unidas, *Principios Rectores sobre las Empresas y Derechos Humanos,* United Nations Human Rights, 2011, consultado 2 de agosto, 2023, https://www.ohchr.org/sites/default/files/documents/publications/guidingprinciplesbusinesshr_sp.pdf

11 Francisco Chan Chan, Adriana A. Figueroa Muñoz Ledo y Jesús Eulises González Mejía, *Libertad artificial. Discursos, redes y pluralidad. Impactos diferenciados en la moderación de contenidos en plataformas digitales,* (IIJUNAM-Article19), s.f., consultado el 15 de agosto, 2023, 27, https://articulo19.org/wp-content/uploads/2022/10/A19_Net-gain-LibertadArtificial.pdf.

— las actividades, estén o no automatizadas, realizadas por los prestadores de servicios intermediarios, que estén destinadas, en particular, a detectar, identificar y actuar contra contenidos ilícitos o información incompatible con sus condiciones generales, que los destinatarios del servicio hayan proporcionado, por ejemplo, la adopción de medidas que afecten a la disponibilidad, visibilidad, y accesibilidad de dicho contenido ilícito o de dicha información, como la relegación, la desmonetización de la información, el bloqueo de esta o su supresión, o que afecten a la capacidad de los destinatarios del servicio de proporcionar dicha información, como la supresión o suspensión de la cuenta de un destinatario del servicio.[12]

En resumen, la moderación de contenido se enfoca en propiciar un entorno adecuado para la mayoría de los usuarios donde se respete la libertad de expresión y el acceso a la información, además de considerar los límites que tiene tal libertad de acuerdo con los tratados internacionales aplicables a la materia. En este tenor, dicha moderación es realizada por la plataforma con el propósito de proteger al usuario de contenidos que, en su concepción, considera perjudiciales.[13]

La moderación de contenido puede llevarse a cabo de la siguiente manera: a) moderación *ex ante* (antes de que se publique); y b) moderación *ex post* (después de su publica-

---

12 Unión Europea, «Reglamento (UE) 2022/2065 del Parlamento Europeo y del Consejo de 19 de octubre de 2022 relativo a un mercado único de servicios digitales y por el que se modifica la Directiva 2000/31/CE», *Diario Oficial de la Unión Europea*, 2022, consultado el 11 de agosto, 2023, https://eur-lex.europa.eu/legal-content/ES/TXT/PDF/?uri=CELEX:32022R2065, Artículo 3°, inciso t.

13 Chan Chan, *Libertad artificial*, 23 y 27.

ción y difusión).[14] Tales procedimientos pueden llevarse a cabo por una persona (usuario, a través de la denuncia), un moderador humano de la plataforma o un sistema automatizado (mediante inteligencia artificial).[15]

En este aspecto, la moderación *ex post* se divide en dos momentos: reactiva o activa. En el primero, "el moderador revisa contenido de manera pasiva o hace moderación solo hasta que un tercero se lo pide",[16] mientras que el segundo se realiza de forma proactiva para identificar si el contenido infringe las normas comunitarias o los términos y condiciones.[17]

De esta forma, al realizarse la moderación de contenidos se debe considerar el alcance que tiene el eliminar o remover el contenido publicado en una red social, desde la perspectiva de derechos humanos, lo cual conlleva a analizar el tipo de responsabilidad de los intermediarios de internet.

En este sentido, dichos intermediarios son definidos por la Organización para la Cooperación y el Desarrollo Económicos (OCDE) como entidades que "bring together or facilitate transactions between third parties on the Internet. They give access to, host, transmit and index content, products and services originated by third parties on the Internet or provide Internet-based services to third parties".[18] Dichas entidades

---

14 Chorny, *La moderación de contenidos,* 41-42.

15 Chan Chan, *Libertad artificial,* 27.

16 Chorny, *La moderación de contenidos,* 41.

17 Chorny, *La moderación de contenidos,* 41-42.

18 OCDE (Organización para la Cooperación y el Desarrollo Económicos), «The Economic and Social Role of Internet Intermediaries», 2010, consultado el 15 de agosto, 2023, 9, https://www.oecd.org/digital/ieconomy/44949023.pdf; y Asamblea General de las Naciones Unidas, «Informe del Relator Especial sobre la promoción y protección del derecho a la libertad de opinión y de expresión, Frank La Rue», AGNU, 16 de mayo de 2011, consultado el 13 de

pueden ser "proveedores de servicios de internet (PSI); proveedores de alojamiento de sitios web; plataformas de redes sociales; y motores de búsqueda".[19]

No obstante, la responsabilidad de los intermediarios de internet es un tema debatido y regulado en diversos países, pues de ello depende la libertad de expresión e incluso de otro tipo de responsabilidades como la civil o penal. Por ejemplo, el artículo 2º de la Declaración Conjunta alude al principio de la no responsabilidad de los intermediarios, al señalar lo siguiente:

a. Ninguna persona que ofrezca únicamente servicios técnicos de Internet como acceso, búsquedas o conservación de información en la memoria caché deberá ser responsable por contenidos generados por terceros y que se difundan a través de estos servicios, siempre que no intervenga específicamente en dichos contenidos ni se niegue a cumplir una orden judicial que exija su eliminación cuando esté en condiciones de hacerlo ("principio de mera transmisión").

b. Debe considerarse la posibilidad de proteger completamente a otros intermediarios, incluidos los mencionados en el preámbulo, respecto de cualquier responsabilidad por los contenidos generados por terceros en las mismas condiciones establecidas en el párrafo 2(a). Como mínimo, no se debería exigir a los intermediarios que controlen el contenido

---

agosto, 2023, 12, https://www.acnur.org/fileadmin/Documentos/BDL/2015/10048.pdf

19 OCDE, «The Economic», 9. https://www.oecd.org/digital/ieconomy/44949023.pdf; y CIDH, *Relatoría Especial para la Libertad de Expresión. Libertad de expresión e internet,* OEA/Ser.L/V/II. CIDH/RELE/INF.11/13, 31 de diciembre, 2013, consultado el 15 de agosto, 2023, 42-43.

> generado por usuarios y no deberían estar sujetos a normas extrajudiciales sobre cancelación de contenidos que no ofrezcan suficiente protección para la libertad de expresión (como sucede con muchas de las normas sobre "notificación y retirada" que se aplican actualmente).[20]

Como se observa, se busca que los intermediarios no tengan algún tipo de presión que pueda afectar a la libertad de expresión, dado que ellos se encargan del control del contenido y pueden llegar a ser convocados por los gobiernos para controlar el flujo de información en la plataforma digital.[21] Además, una regulación desproporcionada puede dar lugar a la autoprotección por parte de los intermediarios, con la finalidad de evitar sanciones, lo que traería como consecuencia que se diera lugar a la censura privada.[22]

Como resultado, varias plataformas de redes sociales han establecido, dentro de sus normas comunitarias, los temas que tienen restringidos de acuerdo con ciertas categorías, aunque, igualmente, tratan de respetar los derechos humanos y de seguir la normativa aplicable de cada país (lo cual se detallará en la siguiente sección).

Asimismo, el documento intitulado The Santa Clara Principles on Transparency and Accountability in Content Moderation propone principios encaminados a la transparencia significativa y la rendición de cuentas, tales como: los

---

20 CIDH-OEA, «Declaración Conjunta sobre Libertad de Expresión e Internet», OEA, 1 de junio de 2011, consultado el 10 de agosto, 2023 https://www.oas.org/es/cidh/expresion/showarticle.asp?artID=849

21 CIDH, *Relatoría Especial para la Libertad de Expresión. Libertad de expresión e internet.* OEA/Ser.L/V/II. CIDH/RELE/INF.11/13, 31 de diciembre, 2013, 43-44, párr. 93. http://www.oas.org/es/cidh/expresion/docs/informes/2014_04_08_internet_web.pdf

22 Chorny, *La moderación de contenidos*, 27-28.

derechos humanos y su debido proceso; las reglas y políticas comprensibles; la competencia cultural; los riesgos del involucramiento estatal; o la integridad y la explicabilidad operacionales.[23]

Por último, existen otros mecanismos semejantes a la moderación de contenido como el derecho a la desindexación (conocido mayormente como derecho al olvido), la remoción o eliminación de contenido, y la curación de contenidos (la cual continúa en debate al no ser considerada como moderación).[24]

III.1. La relación de las normas comunitarias y los derechos humanos

Como se ha comentado, cada red social maneja sus propias normas comunitarias, así como sus términos y condiciones, las cuales, por un lado, pueden ser similares y, por otro, tener marcadas diferencias entre ellas. Tales normas son entendidas como un corpus en el cual se definen las conductas esperadas de los usuarios dentro de la red social, así como los comportamientos no aceptados que tienen un carácter ilícito conforme a la legislación internacional.[25]

De igual forma, los términos y condiciones versan sobre las obligaciones que existen tanto para la persona usuaria como para la plataforma, e igualmente establecen los instrumentos de solución de controversia o las responsabilida-

---

23 Chorny, *La moderación de contenidos,* 64-65. Véase también: «The Santa Clara Principles On Transparency and Accountability in Content Moderation», 2018, consultado el 12 de julio, 2023, https://santaclaraprinciples.org/

24 Para más información, consúltese: Chan Chan, *Libertad artificial.*

25 Chorny, *La moderación de contenidos,* 40.

des legales, entre otros aspectos.[26] En este tenor, las redes sociales como Facebook, YouTube y TikTok estipulan en sus normas comunitarias varias categorías que los usuarios deben conocer y comprender en caso de que se presente alguna conducta no adecuada. A continuación, se citan algunas de las categorías establecidas en las redes mencionadas (Tabla 1, 2 y 3):

Tabla 1. Normas comunitarias de Facebook

Facebook
— **VIOLENCIA Y COMPORTAMIENTO DELICTIVO:** violencia e incitación; personas y organizaciones peligrosas; organización de actos dañinos y promoción de la delincuencia; bienes y servicios restringidos; fraude y engaño.
— **SEGURIDAD:** suicidio y autolesiones; explotación sexual, maltrato y desnudos de menores; explotación sexual de adultos; *bullying* y acoso; explotación de personas; infracciones de privacidad.
— **RESPETO DE LA PROPIEDAD INTELECTUAL:** propiedad intelectual.
— **CONTENIDO CUESTIONABLE:** lenguaje que incita al odio; contenido violento y gráfico; desnudos y actividad sexual de adultos; servicios sexuales.
— **INTEGRIDAD Y AUTENTICIDAD:** integridad de la cuenta e identidad auténtica; spam; ciberseguridad; comportamiento no auténtico; información errónea; cuentas conmemorativas.
— **SOLICITUDES Y DECISIONES RELACIONADAS CON CONTENIDO:** solicitudes de usuarios; medidas adicionales de protección para menores.

Fuente: elaborado con datos obtenidos de Facebook, «Normas comunitarias de Facebook», Meta, s.f., 31 de agosto, 2023, https://transparency.fb.com/es-la/policies/community-standards/

---

26 Chorny, *La moderación de contenidos*, 39-40.

Tabla 2. Políticas y Normas de la Comunidad de YouTube

YouTube
— **SPAM Y PRÁCTICAS ENGAÑOSAS:** interacciones falsas; suplantación de identidad; enlaces externos; y *spam*, prácticas engañosas y estafas. — **CONTENIDO SENSIBLE:** seguridad infantil, miniaturas, desnudos y contenido sexual; y suicidio y autolesiones. — **CONTENIDO VIOLENTO O PELIGROSO:** acoso y ciberacoso; contenido dañino o peligroso; incitación al odio; organizaciones criminales violentas; contenido violento o explícito; políticas sobre desinformación acerca del COVID-19. — **PRODUCTOS REGULADOS:** armas de fuego; comercialización de productos o servicios ilegales o regulados.

Fuente: elaborado con datos obtenidos de YouTube, «Políticas y Normas de la Comunidad de YouTube-Cómo funciona YouTube», s.f., consultado el 31 de agosto, 2023, https://www.youtube.com/intl/ALL_es/howyoutubeworks/policies/community-guidelines/

Tabla 3. Normas Comunitarias de TikTok

TikTok
— **SEGURIDAD Y BIENESTAR DE LOS MENORES.** — **SEGURIDAD Y CIVISMO:** comportamientos violentos y actividades delictivas; discursos y comportamientos de odio; organizaciones e individuos que fomenten la violencia o el odio; explotación y abuso de menores; explotación sexual y violencia de género; explotación humana; intimidación y acoso. — **SALUD MENTAL Y CONDUCTUAL:** suicidio y autolesiones; trastornos alimentarios e imagen corporal; retos y actividades peligrosas. — **TEMAS DELICADOS Y PARA ADULTOS:** actividad y servicios sexuales; desnudez y exposición del cuerpo; contenido sexualmente sugerente; contenido perturbador y gráfico; abuso animal.

TikTok
— **INTEGRIDAD Y AUTENTICIDAD:** desinformación; integridad de procesos cívicos y electorales; medios sintéticos y manipulados; interacciones falsas; contenido no original y códigos QR; spam y comportamientos de cuenta engañosos. — **BIENES REGULADOS Y ACTIVIDADES COMERCIALES:** juegos de azar; alcohol, tabaco y drogas; armas de fuego y armas peligrosas; comercio de bienes y servicios regulados; comunicaciones comerciales y promoción de pago; fraudes y estafas.

Fuente: elaborado con datos obtenidos de TikTok, «Normas de la comunidad», TikTok, marzo 2023, consultado el 31 de agosto, 2023, https://www.tiktok.com/community-guidelines/es-es/fyf-standards/

Como se observa, existen aspectos que coinciden y otros que son considerados de forma diferente, o que no son tomados en cuenta por las plataformas. Los aspectos que concuerdan son derivados del hecho que atienden a lo establecido en la legislación internacional o, en su caso, en la normatividad nacional en materia de derechos humanos.

En este aspecto, una particularidad que posee TikTok es que manifiesta explícitamente que sus normas comunitarias son acordes a los "marcos jurídicos internacionales, en las prácticas recomendadas de la industria, en las opiniones de nuestra comunidad y en las aportaciones de expertos en seguridad y salud pública, así como de nuestros Consejos Asesores regionales".[27]

De igual forma, la referida red social señala la importancia que tiene respetar y proteger los derechos humanos, pues de ello depende la confianza de sus usuarios (sean

---

27 TikTok, «Normas de la comunidad», TikTok, s.f., consultado el 4 de julio, 2023, //www.tiktok.com/community-guidelines/es-es/overview/.

personas, empleados, creadores, anunciantes, etc.),[28] además de que hace énfasis en los tratados internacionales, a los cuales se apega, en materia de derechos humanos, tales como:

> (1) la Carta Internacional de Derechos Humanos (que incluye la Declaración Universal de Derechos Humanos [DUDH], el Pacto Internacional de Derechos Civiles y Políticos [PIDCP] y el Pacto Internacional de Derechos Económicos, Sociales y Culturales [PIDESC]), (2) la Declaración de la Organización Internacional del Trabajo [OIT] relativa a los principios y derechos fundamentales en el trabajo, (3) la Convención sobre los Derechos del Niño [CDN] y (4) los Principios Rectores sobre las Empresas y los Derechos Humanos de las Naciones Unidas [UNGP].[29]

Asimismo, un aspecto que consideran de manera común las tres redes sociales mencionadas son los derechos de propiedad intelectual, independientemente de las reconocidas en tratados internacionales anteriormente descritos.

Por otro lado, en lo que respecta a los principios de transparencia y rendición de cuentas se observan diferencias entre Facebook, YouTube y TikTok, por ejemplo:

a) Facebook:

Esta red social manifiesta ser un espacio de interacción entre personas con la finalidad de dialogar sobre temas de interés por medio de comentarios realizados por cualquier formato (escrito, foto, música, video, etc.),[30] además de que:

---

28 TikTok, «Defender los derechos humanos», TikTok s.f., consultado el 6 de julio, 2023, https://www.tiktok.com/transparency/es-es/upholding-human-rights/

29 TikTok, «Defender los derechos humanos».

30 Facebook, «Normas comunitarias de Facebook», Meta, s.f., consultado el 2 de julio, 2023, https://transparency.fb.com/es-la/policies/

> En algunos casos, permitimos contenido que, de otro modo, incumpliría nuestras normas si es de interés periodístico y relevante para el público. No obstante, primero analizamos su valor de interés público, evaluamos el riesgo de daño y tomamos una decisión en función de normas internacionales de derechos humanos. En otros casos es posible que eliminemos contenido que usa un lenguaje ambiguo o implícito cuando el contexto adicional nos permite entender de forma razonable que el contenido incumple nuestras normas.[31]

Este párrafo genera una serie de interrogantes como: ¿de qué manera las plataformas valoran la información? ¿Cuáles son los estándares o indicadores para realizar la evaluación del contenido? ¿Están de acuerdo con los instrumentos jurídicos nacionales e internacionales en materia de derechos humanos?

Como se puede observar, Facebook expresa su compromiso con la libertad de expresión y reconoce el reto de hacerla valer a través del internet, pues existe la posibilidad de que se cometan abusos, por lo que persigue valores como la autenticidad, seguridad, privacidad y dignidad.[32]

De la misma forma, Facebook expresa que la moderación de contenido se realiza de manera proactiva con la finalidad de que cualquier violación sea detectada antes de que la publicación sea denunciada,[33] e igualmente señala

---

community-standards/?source=https%3A%2F%2Fes-la.facebook.com%2Fcommunitystandards.

31 Facebook, «Normas comunitarias de Facebook».

32 Facebook, «Normas comunitarias de Facebook».

33 Facebook, «Detección de infracciones», Meta, s.f., consultado el 2 de julio, 2023, https://transparency.fb.com/es-la/enforcement/detecting-violations/

que emplea la inteligencia artificial,[34] la cual "detectará el contenido potencialmente infractor, pero lo enviará a los equipos de revisión para que lo verifiquen y tomen medidas al respecto".[35]

En caso de duda sobre el contenido debido al contexto, Facebook señala que se llevará a cabo una revisión con apoyo de recursos humanos, es decir, hace alusión a la verificación manual, la cual se puede categorizar en tres instancias prioritarias: "Gravedad (¿Qué probabilidad hay de que el contenido genere daños, tanto en internet como fuera de la red?); Viralidad (¿El contenido se está compartiendo con rapidez?); y Probabilidad de infracción (¿Es probable que el contenido en cuestión infrinja realmente nuestras políticas?)".[36]

En este rubro, por medio de la moderación humana, Facebook les proporciona a los usuarios la opción de reportar el contenido, ya sea un perfil entero, publicaciones en la biografía (propia o de un tercero), fotos, videos, mensajes, páginas, grupos, eventos, comentarios, anuncios o *hash-*

---

[34] De la misma forma, Meta señala que ha propiciado la creación, desarrollo e incorporación de diversas herramientas como Linformer, Reinforced Integrity Optimizer, SimSearchNet, XLM, XLM-R y un sistema integral de comprensión de entidades, además de que tiene algunos proyectos en colaboración con otras empresas privadas como: Deepfakes Detection Challenge o Hateful Memes Challenge. Facebook, «Cómo invierte Meta en tecnología», Meta, 19 de enero, 2022, consultado el 2 de julio, 2023, https://transparency.fb.com/es-la/enforcement/detecting-violations/investing-in-technology.

[35] Facebook, «Cómo detecta infracciones la tecnología», meta 19 de enero de 2022, consultado el 2 de julio, 2023, https://transparency.fb.com/es-la/enforcement/detecting-violations/technology-detects-violations/

[36] Facebook, «Cómo prioriza Meta qué contenido revisa», Meta, 26 de enero, 2022, consultado el 2 de julio, 2023, https://transparency.fb.com/es-la/policies/improving/prioritizing-content-review/

tags.[37] En cada una de estas opciones se le solicita al usuario que describa el motivo por el cual tal publicación vulnera las normas comunitarias de Facebook.[38]

En caso de apelar, Facebook cuenta con la figura del Consejo asesor de contenido, el cual analiza el caso cuando se recibe el identificador de referencia con la finalidad de remitirlo a revisión e iniciar el procedimiento por medio de su página oversightboard.com.[39] Es importante mencionar que dicho Consejo se creó bajo el objetivo de:

> ayudar a Facebook a responder algunas de las preguntas más difíciles sobre la libertad de expresión en internet: qué contenido eliminar, cuál conservar y por qué.
>
> El Consejo emplea la independencia de su criterio para defender el derecho a la libertad de expresión de las personas y garantizar que dicho derecho se respete de forma adecuada. Las decisiones del Consejo de ratificar o revertir las decisiones de contenido de Facebook serán vinculantes, lo que significa que Facebook deberá implementarlas, a menos que hacerlo suponga el incumplimiento de la ley.[40]

En ese sentido, se especifican los tipos de contenido que se pueden apelar ante el Consejo, tales como: "la mayor parte del contenido que has publicado en Facebook o Instagram y se ha eliminado; y la mayor parte del contenido que otra persona ha publicado en Facebook o Instagram y no

---

37 Facebook, «Reportar contenido en Facebook», Meta, s.f., consultado el 3 de julio, 2023, https://es-la.facebook.com/help/reportlinks

38 Facebook, «Reportar contenido en Facebook».

39 Facebook, «Cómo apelar ante el Consejo asesor de contenido», Meta, 19 de enero, 2022, consultado el 3 de julio, 2023, https://transparency.fb.com/es-la/oversight/appealing-to-oversight-board/

40 Oversight Board, «Garantizar el respeto a la libertad de expresión mediante un juicio independiente», s.f., consultado el 1 de septiembre, 2023, https://oversightboard.com/

se ha eliminado".[41] Dicho Consejo presenta un informe trimestral sobre los asuntos revisados, así como las decisiones y recomendaciones proporcionados por él, al igual que su implementación.[42]

Por último, Facebook también señala que atiende especialmente las leyes de ciertos países como Alemania y Austria, pero únicamente dentro de su territorio.[43]

b) YouTube:

Este sitio de videos emplea la herramienta Intelligence Desk, la cual "monitorea las noticias, las redes sociales y las denuncias por parte de los usuarios para detectar las nuevas tendencias de contenido inadecuado. Como resultado, nuestros equipos pueden abordar estos contenidos antes de que se conviertan en un problema grave".[44]

Así mismo, la plataforma menciona que cuenta con equipos que "revisan los vídeos denunciados, retiran el contenido que infringe las Normas de la Comunidad y restringen

---

41 Facebook, «Cómo apelar ante el Consejo asesor de contenido», 19 de enero, 2022, consultado el 2 de julio, 2023, https://transparency.fb.com/es-la/oversight/appealing-to-oversight-board/

42 Facebook, «Meta's Quarterly Updates on the Oversight Board», Meta, 29 de agosto, 2023, consultado el 2 de julio, 2023, https://transparency.fb.com/es-la/oversight/meta-quarterly-updates-on-the-oversight-board/

43 Facebook, «Ley alemana para la aplicación de reglamentaciones de cumplimiento en las redes sociales (—NetzDG—), Servicio de ayuda de Facebook», consultado el 1, julio, 2023, https://es-es.facebook.com/help/1807845469513149; y Facebook, «Ley de Plataformas de Comunicación de Austria | Servicio de ayuda de Facebook», 3 de julio, 2023, https://es-la.facebook.com/help/3846278558774584/?helpref=related_articles

44 YouTube, «Políticas y Normas de la Comunidad de YouTube-Cómo funciona YouTube», s.f., consultado el 1 de julio, 2023, https://www.youtube.com/intl/ALL_es/howyoutubeworks/policies/community-guidelines/#detecting-violations

los vídeos con limitaciones, como el contenido con restricción de edad, que puede no ser adecuado para todos los usuarios. Si el contenido cumple las normas, no llevan a cabo ninguna acción".[45] Derivado de esto, en la siguiente imagen (1) se observa el porcentaje de videos retirados en la plataforma acorde a su categoría:

Imagen 1. Progreso en la gestión del contenido dañino de YouTube

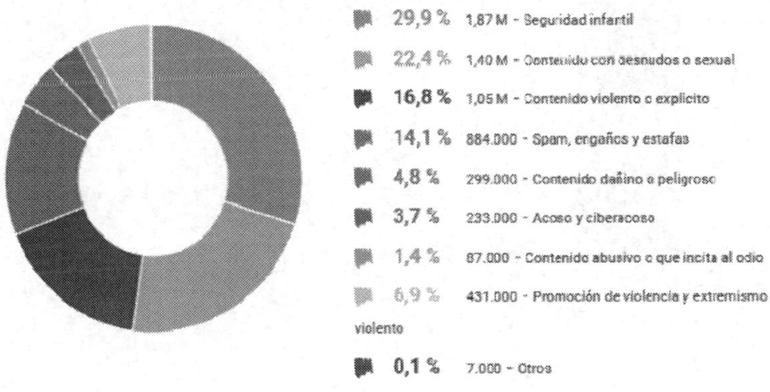

De abril a junio del 2021

Fuente: YouTube, «Progreso en la gestión del contenido dañino», s.f., consultado el 4 de julio, 2023, https://www.youtube.com/intl/ALL_es/howyoutubeworks/progress-impact/responsibility/

---

45 YouTube, «Progreso de YouTube en materia de responsabilidad-Cómo funciona YouTube», s.f., consultado el 4 de julio, 2023, https://www.youtube.com/intl/ALL_es/howyoutubeworks/progress-impact/responsibility/

En el periodo referido se observa que la mayor parte de las denuncias se dieron a través de un moderador automatizado y pocos por detección humana (imagen 2).[46]

Imagen 2. Vídeos retirados de YouTube (primera fuente de detección)

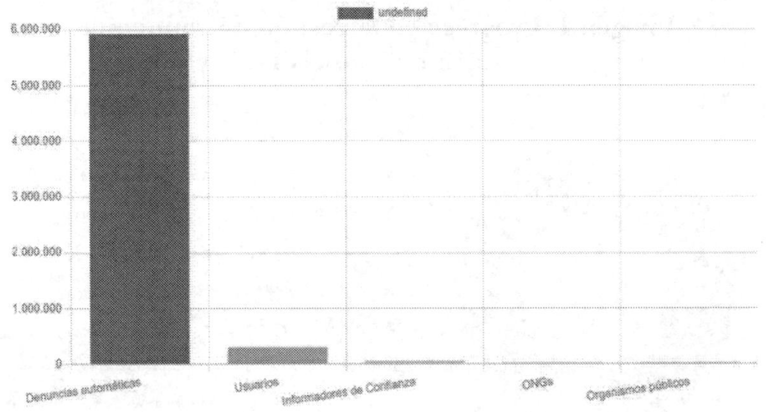

De abril a junio del 2021

Fuente: YouTube, «Progreso en la gestión del contenido dañino. Vídeos retirados (primera fuente de detección)», s.f., consultado el 4 de julio, 2023, https://www.youtube.com/intl/ALL_es/howyoutubeworks/progress-impact/responsibility/#detection-source

En este marco, la propia plataforma establece el Programa Alertador Prioritario de YouTube, el cual "proporciona herramientas potentes a los organismos públicos y las ONGs. Esos organismos y ONGs ofrecen una gran ayuda a

46 YouTube, «Progreso en la gestión del contenido dañino. Vídeos retirados (primera fuente de detección)», s.f., consultado el 4 de julio, 2023, https://www.youtube.com/intl/ALL_es/howyoutubeworks/progress-impact/responsibility/#detection-source

YouTube a la hora de identificar contenidos que infringen las Normas de la Comunidad."[47] En caso de que una ONG quiera participar en el Programa, se deben considerar tres aspectos: "haber mostrado experiencia en al menos una temática de políticas; denunciar contenido con frecuencia y con una precisión alta; y mostrar disposición a participar en debates con YouTube y a aportar comentarios regularmente sobre las áreas de contenido de la plataforma".[48]

Al igual que en Facebook, los usuarios pueden reportar el contenido de YouTube que consideran que infringen las normas comunitarias de la red. En este sentido, la plataforma le indicará al propietario del contenido reportado la razón por la cual su video ha sido eliminado o restringido.[49] Sin embargo, a pesar de que hay un mecanismo para apelar, no se observa un ente colegiado que analice el caso, como sí sucede en Facebook.[50]

c) TikTok:

Como se ha comentado, TikTok ha manifestado explícitamente acatar lo establecido en diversos tratados internacionales en materia de derechos humanos, lo cual refuerza a uno de los objetivos que tiene la plataforma al:

---

47 YouTube, «Acerca del programa Alertador Prioritario de YouTube», s.f., consultado el 4 de julio, 2023, https://support.google.com/youtube/answer/7554338?hl=es

48 YouTube, «Acerca del programa Alertador Prioritario de YouTube».

49 YouTube, «Denunciar vídeos, canales y otros contenidos inapropiados en YouTube», s.f., consultado el 4 de junio, 2023, https://support.google.com/youtube/answer/2802027?hl=es&ref_topic=9387085&sjid=15216007531097996887-NA.

50 YouTube, «Apelar las acciones relacionadas con las Normas de la Comunidad», s.f., consultado el 4 de junio, 2023, https://support.google.com/youtube/answer/185111?hl=es&ref_topic=9387083&sjid=15216007531097996887-NA

> eliminar el contenido o las cuentas que infrinjan nuestras normas antes de que puedan ser vistos o compartidos por otras personas, y reducir así su potencial de daño. El contenido publicado en TikTok se somete primero a una tecnología que lo revisa por comparación con nuestras normas. Si el contenido se identifica como una infracción potencial, se eliminará automáticamente o se marcará para su revisión adicional por parte de nuestro equipo de Confianza y Seguridad. Se realizará una nueva revisión si un vídeo adquiere popularidad o es objeto de una denuncia.[51]

Como se observa, la plataforma describe de manera breve la manera en la cual realiza la revisión del contenido, así como el hecho de que establece algunas especificaciones sobre la aplicación de las denuncias o reportes hacia alguna acción de algún usuario (sea comentario, mensaje directo o suplantación de identidad, entre otras).[52]

Asimismo, TikTok señala que en la moderación de contenidos emplea una técnica mixta, al realizarse tanto de manera automatizada como humana (manual), con la finalidad de detectar las infracciones a la Norma de la Comunidad. En caso de que haya infracciones, se elimina el contenido y se notifica al propietario sobre dicha acción, además de indicar el mecanismo de revisión con la finalidad de catalogar el contenido y que el propietario tenga oportunidad de enviar una solicitud de revisión.[53] De igual forma, se esta-

---

[51] TikTok, «Excepciones en el interés público», marzo de 2023, consultado el 2 de junio, 2023, https://www.tiktok.com/community-guidelines/es-es/enforcement/

[52] TikTok, «Informar de un problema | Centro de ayuda de TikTok», s.f., consultado el 2 de junio, 2023, https://support.tiktok.com/es/safety-hc/report-a-problem

[53] TikTok, «Incumplimiento de normas por el contenido y bloqueos | Centro de ayuda de TikTok», s.f., consultado el 2 de junio, 2023, https://support.tiktok.com/es/safety-hc/account-and-user-safety/content-violations-and-bans

blecen las sanciones que puedan existir de acuerdo con las infracciones cometidas a las normas comunitarias.[54]

Además de lo anterior, esta plataforma se maneja bajo el principio de transparencia y rendición de cuentas a través de diversos tipos de informes trimestrales, tales como: 1) el cumplimiento de las Normas de la Comunidad; 2) las solicitudes gubernamentales de retirada de contenidos; 3) las solicitudes de retirada de contenidos por propiedad intelectual; y 4) solicitudes de información.[55]

En dichos informes se pueden observar las estadísticas derivadas del incumplimiento (imagen 3) o de las solicitudes para retirar contenido en materia de propiedad intelectual (imagen 4). Por ejemplo, en el Informe de cumplimiento de las Normas de la Comunidad del periodo del 1 de octubre de 2022 al 31 de diciembre de 2022, publicado el 31 de marzo de 2023, se reportó lo siguiente:[56]

---

[54] TikTok, «Incumplimiento de normas por el contenido y bloqueos».

[55] TikTok, «Informes», s.f., consultado el 4 de junio, 2023, https://www.tiktok.com/transparency/es-es/reports/

[56] TikTok, «Informe de cumplimiento de las Normas de la comunidad | TikTok», s.f., consultado el 2 de junio, 2023, https://www.tiktok.com/transparency/es-es/community-guidelines-enforcement-2022-4/

Imagen 3. Número de videos eliminados TikTok

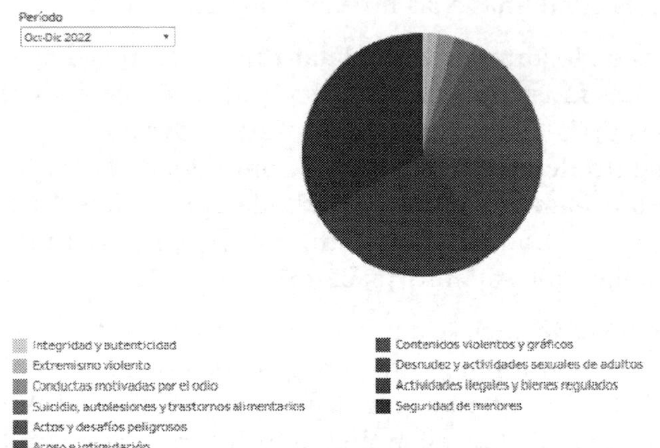

Nota: este gráfico muestra el volumen de vídeos eliminados por incumplimiento de nuestras políticas. Un vídeo puede infringir varias políticas y el gráfico refleja cada una de estas infracciones. En circunstancias puntuales, como situaciones de emergencia o interrupciones de *hardware*, es posible que no se registre la categoría de un vídeo eliminado. Estos vídeos no se incluyen en el gráfico anterior, pero sí están contabilizados en los números absolutos presentados en este informe.

Fuente: TikTok, «Informe de cumplimiento de las Normas de la comunidad», consultado el 2 de junio, 2023, https://www.tiktok.com/transparency/es-es/community-guidelines-enforcement-2022-4/

De igual forma, el portal proporciona un Informe sobre solicitudes de retirada por propiedad intelectual del 1 de julio de 2022 al 31 de diciembre de 2022, publicado el 15 de mayo de 2023,[57] donde, además, la plataforma expone sus Políticas en la materia.[58]

---

57 TikTok, «Informe sobre solicitudes de retirada por propiedad intelectual | TikTok Jul-Dic 2022», s.f., consultado el 2 de junio, 2023, https://www.tiktok.com/transparency/es-es/intellectual-property-removal-requests-2022-2/

58 TikTok, «Copyright Policy», s.f., consultado el 2 de junio, 2023, https://www.tiktok.com/legal/page/global/copyright-policy/en

Imagen 4. Solicitudes para retirar contenido TikTok

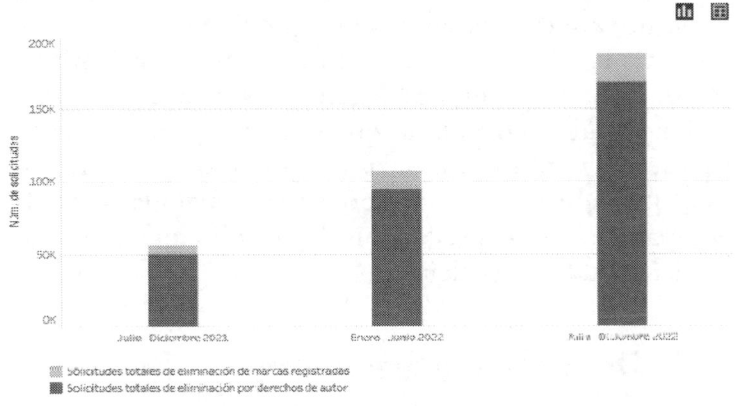

Fuente: TikTok, «Informe de cumplimiento de las Normas de la comunidad», diciembre de 2022, consultado el 2 de junio, 2023, https://www.tiktok.com/transparency/es-es/community-guidelines-enforcement-2022-4/

En esta tesitura, tras concluir la tarea de revisar las plataformas mencionadas, se pueden discernir algunas características que presentan en común, al tiempo que resulta evidente que existe una estandarización sobre los aspectos que deben cumplir estos sitios en materia de derechos humanos. En este sentido, se observa que TikTok tiene una mayor atención hacia la transparencia y rendición de cuentas. mientras que YouTube se destaca por fomentar la participación social, no solo de sus usuarios o empleados, sino también al involucrar a las ONG, a diferencia de Facebook, quien optó por crear un órgano colegiado para revisar los casos en conflicto. No obstante, estas diferencias podrían acarrear un efecto contraproducente, pues se considera que existe un trato desigual entre los usuarios en cada plataforma, a pesar de converger en un entorno digital, además de que en algunos países ya se han establecido regulaciones específicas sobre la materia (véase sección 3.3).

En este rubro, si bien Facebook estableció un órgano colegiado para atender los casos más controvertidos, también es pertinente cuestionar el valor que tienen sus decisiones, así como la ética del Consejo, pues, como se ha insistido, al realizar principalmente una función similar a la de un juzgador, se puede considerar que la propia plataforma es juez y parte a la vez. Asimismo, las preguntas que se destacan de esta situación son si este tipo de resoluciones se podrían equiparar a algún precedente histórico y qué vinculación tendrían en la vía judicial.

III.2. Casos emblemáticos en la materia

La moderación de contenidos en las redes sociales y la libertad de expresión son temas que se pueden estudiar a través de varios casos puntuales alrededor del mundo, de los cuales aquí se comentan algunos:

— Cubby Inc. vs. CompuServe.[59]

El caso versaba sobre un comentario realizado en el foro de CompuServe, donde se calumniaba a la empresa Cubby Inc., por lo que el objeto de análisis era la responsabilidad que tenía CompuServe al ser propietario de la plataforma; sin embargo, dentro de las reflexiones judiciales se optó por identificar el hecho que la plataforma no ejercía alguna actividad de editor de contenido, sino que su alcance era meramente de distribuidor y, por ende, no había responsabilidad alguna que imputarle.[60]

---

59 Justia US Law, «Cubby, Inc. v. CompuServe, Inc. 776 F. Supp. 135», 1991, consultado el 2 de junio, 2023, https://law.justia.com/cases/federal/district-courts/FSupp/776/135/2340509/

60 Chorny, *La moderación de contenidos*, 31.

— Stratton Oakmont Inc. vs. Prodigy Services Co.[61]

Un caso similar al anterior es el de Stratton contra Prodigy, en el cual, tras haberse publicado un comentario difamatorio en contra de la financiera Stratton, la Corte dictaminó que se le fincara responsabilidad a la plataforma Prodigy, debido a que en sus estatutos manifestaban expresamente realizar moderación de contenido al eliminar o censurar algunas publicaciones, lo cual produjo, a su vez, una gran controversia tras determinarse que los proveedores de servicios en línea son también responsables del discurso de sus usuarios.[62] Es importante mencionar que este caso contribuyó en la modificación a la Sección 230 de la Ley de Decencia en las Comunicaciones, la cual se explica en la siguiente sección.

— Ahmet Yildirim contra Turquía.

El origen del conflicto en este caso tuvo lugar tras agregarse a YouTube el video de una parodia en el cual se insinuaba que Mustafa Kemal Atatürk, fundador de la República Turca, era homosexual, de tal manera que un juez ordenó bloquear la plataforma en espacio turco. Posteriormente, el gobierno exigió a Google la remoción de los videos ofensivos; sin embargo, a pesar de que la plataforma suprimió los videos que contravenían a la ley turca, el gobierno exigió que el acceso a dichos videos se prohibiera a nivel global, con lo cual Google estuvo en desacuer-

---

61 Casetext, «Stratton Oakmont Inc vs. Prodigy Services Co, Casetext: Investigación jurídica más inteligente», 24 de mayo, 1995, consultado el 2 de agosto, 2023, https://casetext.com/case/stratton-oakmont-inc-v-prodigy-servs

62 Chorny, *La moderación de contenidos*, 31.

do y, en consecuencia, el Estado bloqueó el acceso a la plataforma en su territorio.[63] El caso fue promovido ante el Tribunal Europeo de Derechos Humanos por el turco Ahmet Yildirim, quien argumentó que:

> se había enfrentado a una "censura colateral" cuando las autoridades turcas cerraron su sitio web alojado en Google como resultado de una sentencia de un tribunal penal que ordenaba bloquear el acceso a los sitios de Google en Turquía. La orden judicial se promulgó para impedir un mayor acceso a un sitio web en particular alojado por Google, que incluía contenido considerado ofensivo para la memoria de Mustafa Kemal Atatürk, el fundador de la República Turca. Debido a esta orden, el sitio web de orientación académica de Yildirim, que no tenía relación con el sitio web con el contenido supuestamente insultante sobre la memoria de Atatürk, fue efectivamente bloqueado por la Dirección de Telecomunicaciones de Turquía (TIB). Según la TIB, bloquear el acceso a Google Sites era el único medio técnico para bloquear el sitio infractor, ya que su propietario vivía fuera de Turquía. Los intentos posteriores de Yildirim de remediar la situación y recuperar el acceso a su sitio web alojado en el servicio Google Sites no tuvieron éxito.[64]

— Google Inc. Vs. Equusteck Solutions Inc.[65]

El caso versa sobre la materia de propiedad intelectual de la empresa Equustek, quien demandó a la compañía Datalink por apropiación de su produc-

---

63 Chorny, *La moderación de contenidos,* 56.

64 Dirk Voorhoof, «Tribunal Europeo de Derechos Humanos: Ahmet Yildirim contra Turquía», IRIS Observatorio Audiovisual Europeo, 2016, consultado el 1 de septiembre, 2023, https://merlin.obs.coe.int/article/7467

65 Supreme Court of Canada, «Google Inc. vs Equusteck solutions Inc., SCC Case Information: 36602», 18 de junio, 2017, consultado el 11 de julio, 2023, https://scc-csc.lexum.com/scc-csc/scc-csc/en/item/16701/index.do

to. En ese sentido, Equustek le solicitó a Google la desindexación de los sitios web de Datalink que empleaban para su tienda en línea. Además, un tribunal le ordenó a Datalink suspender sus actividades comerciales en línea. Google, por su parte, procedió a remover los enlaces del dominio canadiense, pero no del dominio global, lo que ocasionó que se revisara el tema de la desindexación global por vía judicial, aunque el fallo fue a favor de la empresa.[66] En consecuencia, la decisión fue criticada, pues se creó un precedente que coloca al interés comercial sobre la libertad de expresión, sin importar la jurisdicción y el impacto a nivel global.[67]

III.3. Aspectos relevantes sobre las leyes en materia de moderación de contenido

Uno de los desafíos de las plataformas digitales ha radicado en adaptarse no solo a los tratados internacionales en materia de derechos humanos, sino también a leyes nacionales en diferentes países, lo cual ha traído como consecuencia una reflexión sobre la aplicación de las leyes y su jurisdicción (véase sección III.2). Derivado de esto, a continuación se exponen brevemente algunas de las leyes nacionales de diversas latitudes que regulan la moderación de contenido:

a) Estados Unidos de América.

La Sección 230 de la Communications and Decency Act (Ley de Decencia en las Comunicaciones) fue publicada antes de que existiera el internet, por lo que su objeto de

---

66 Chorny, *La moderación de contenidos*, 56-57.

67 Chorny, *La moderación de contenidos*, 57-58.

estudio se enfocaba en los otros medios de comunicación masiva.[68]

En dicha Ley no se establecía una responsabilidad de los intermediarios de internet cuando adoptaban medidas de moderación voluntarias; sin embargo, el caso de Stratton Oakmont Inc. vs. Prodigy provocó una adecuación a la norma con la finalidad de que la responsabilidad se adjudicara al emisor del contenido y no a la plataforma, además de que la adopción de medidas voluntarias por parte del intermediario de internet no implicaba responsabilidad alguna.[69]

b) Alemania.

El 1 de septiembre de 2017 se publicó en Alemania la Ley sobre el cumplimiento de la normativa en las redes sociales (conocida en alemán como NetzDG, Gesetz zur Verbesserung der Rechtsdurchsetzung in sozialen Netzwerken o la Ley Facebook),[70] la cual está dirigida a los proveedores de servicios de plataformas en internet que estén destinadas a facilitar el intercambio de información, ya sea entre usuarios o en las redes sociales.[71] En ella se estipula la obligación de los proveedores de dichas redes a elaborar informes sobre la tramitación de los reclamos sobre contenidos ilícitos cuando existen reportes o denuncias. Además, en el artículo 2° de esta Ley se establecen los elementos mínimos que debe contener el informe, como las acciones realizadas por el proveedor, naturaleza y característica del funcionamiento

---

68 Chorny, *La moderación de contenidos*, 30-31.

69 Chorny, *La moderación de contenidos*, 30-32.

70 Bundesministerium der Justiz, «Gesetz zur Verbesserung der Rechtsdurchsetzung in sozialen Netzwerken (Netzwerkdurchsetzungsgesetz-NetzDG)», 1 de septiembre de 2017, última modificación 21 de julio de 2022, consultado el 11 de julio de 2023, https://www.gesetze-im-internet.de/netzdg/BJNR335210017.html.

71 Bundesministerium der Justiz, «NetzDG», Artículo 1.1

o el alcance del método empleado en la moderación automatizada, entre otros.[72]

En el tratamiento de las quejas sobre el contenido ilegal, el proveedor tiene la obligación de mantener un procedimiento eficaz y transparente en el manejo de contenidos ilícitos, además de establecer el proceso para realizar las denuncias por parte de los usuarios.[73]

Derivado de esto, ciertas plataformas como Google han colocado en su sección de transparencia un breve resumen sobre la aplicación de esta Ley:

> La legislación alemana de aplicación de la ley en redes sociales (NetzDG) requiere que las redes sociales con más de 2 millones de usuarios registrados en Alemania retiren de manera local contenido ilegal "evidente" (p. ej., una publicación, una imagen o un vídeo) en un plazo máximo de 24 horas tras recibirse la notificación. En los casos en los que no es tan sencillo identificar si el contenido es ilegal o no, el proveedor dispone de hasta 7 días para tomar una decisión. En casos excepcionales se puede disponer de más tiempo si, por ejemplo, se pide a los usuarios que han subido el contenido una explicación, o si la decisión pasa a manos de un organismo industrial acreditado o una institución de autorregulación reglamentada. Para que se retire contenido en virtud de la ley NetzDG, este debe coincidir con una de las 21 disposiciones del código penal relativas a dicha ley. YouTube (un servicio para usuarios con sede en Alemania operado por YouTube LLC hasta el 22 de enero del 2019 y, desde entonces, por Google Ireland Limited) ofrece a los usuarios un sistema para presentar reclamaciones relativas a la ley NetzDG. Además, Google+ (un servicio para consumidores operado por Google LLC hasta el 2 de

---

72 Bundesministerium der Justiz, «NetzDG», Artículo 2.

73 Bundesministerium der Justiz, «NetzDG», Artículos 3 y 3a.

abril del 2019) ofrecía a los usuarios un sistema para presentar reclamaciones relativas a la ley NetzDG.[74]

Por último, esta Ley ha sido criticada por la obligación de atender las 21 disposiciones del código penal del Estado en el lapso de 24 horas con la finalidad de dar de baja el contenido que las infrinja, lo cual puede dar cavidad a una mala interpretación del contenido publicado y, en consecuencia, a la censura previa.[75]

Cabe también mencionar que esta Ley se ha convertido en una referencia para otros países como Venezuela.

c) Venezuela.

El 10 de noviembre de 2017 se publicó en la *Gaceta Oficial de la República Bolivariana de Venezuela* la Ley Constitucional contra el odio y a favor de la convivencia pacífica y la tolerancia, cuyo objetivo (artículo 1°) radica en:

> contribuir a generar las condiciones necesarias para promover y garantizar el reconocimiento de la diversidad, la tolerancia y el respeto recíproco, así como para prevenir y erradicar toda forma de odio, desprecio, hostigamiento, discriminación y violencia, a los fines de asegurar la efectiva vigencia de los derechos humanos, favorecer el desarrollo individual y colectivo de la persona, preservar la paz y la tranquilidad pública y proteger a la Nación.[76]

---

74 Google, «Informe de transparencia. Retiradas en virtud de la ley alemana de redes sociales», s.f., consultado el 1 de septiembre, 2023, https://transparencyreport.google.com/netzdg/overview?hl=es.

75 Edison Lanza y Matías Jackson, *Moderación de contenidos y mecanismos de autorregulación. El Oversight Board de Facebbok y sus implicaciones para América Latina*, (Diálogo Americano, 2021), 18.

76 Asamblea Nacional Constituyente de Venezuela, «Ley Constitucional contra el odio, por la convivencia pacífica y la tolerancia», *Gaceta Oficial de la República Boliviana de Venezuela*, 10 de noviembre, 2017, consultado el 3 de septiembre, 2023, https://www.asambleanacional.gob.ve/storage/documentos/leyes/ley-cons-

En su artículo 14, se establecen las responsabilidades de las redes sociales:

> La difusión de mensajes a través de las redes sociales y medios electrónicos que promuevan la guerra o inciten al odio nacional, racial, étnico, religioso, político, social, ideológico, de género, orientación sexual, identidad de género, expresión de género y de cualquier otra naturaleza que constituya incitación a la discriminación, la intolerancia o la violencia a través se encuentra prohibida.
>
> Las personas jurídicas que administran las redes sociales y medios electrónicos se encuentran obligadas a cumplir estrictamente lo dispuesto en esta disposición y adoptarán las medidas adecuadas para prevenir la difusión de estos mensajes. A tal efecto, deberán retirar inmediatamente de su difusión cualquier propaganda o mensaje que la contravenga.[77]

En este artículo se observa la obligación de los intermediarios de internet a cumplir con lo dispuesto en la ley nacional y dar de baja el contenido que no esté acorde al objeto de la norma.

Por último, los artículos 20 y 21 estipulan el delito de promoción e incitación al odio, así como su agravante por motivos de odio e intolerancia, mientras que, el artículo 22, segundo párrafo, señala que, en caso de que la difusión de un mensaje en redes sociales no haya sido retirada en un lapso de 6 horas siguientes a su publicación, se le impondrá una multa a la persona jurídica responsable de la misma, además de que habrá lugar al bloqueo de los portales.[78]

---

titucional-contra-el-odio-por-la-convivencia-pacifica-y-la-tolerancia-20220215163238.pdf

77 Asamblea Nacional Constituyente de Venezuela, «Ley Constitucional contra el odio».

78 Asamblea Nacional Constituyente de Venezuela, «Ley Constitucional contra el odio».

d) Francia.

En 2020 se propuso la Ley núm. 388 (Ley Avia), la cual tenía como objetivo regular el contenido digital en materia de odio, para lo cual buscaba que, en un lapso de 24 horas, las plataformas de redes sociales dieran de baja el contenido y se establecieran multas sobre la materia. En este sentido, la ley se enfocaba en la responsabilidad de los intermediarios de internet y se promovía la remoción de contenidos con la finalidad de que no fueran sancionados por las autoridades. No obstante, esta ley fue declarada inconstitucional por el Consejo Constitucional de Francia, debido a la posible vulneración a la libertad de expresión.[79]

e) Cuba.

El 4 de julio de 2019 se publicó en la *Gaceta Oficial de la República de Cuba* el Decreto-Ley núm. 370 sobre la informatización de la sociedad, la cual regula la infraestructura del internet y las TIC, entre otros elementos.[80] Además, en su artículo 68 se consideran las contravenciones asociadas a las TIC, siempre que no constituyan delitos, en el cual, en su inciso i), establece la violación de "difundir, a través de las redes públicas de transmisión de datos, información contraria al interés social, la moral, las buenas costumbres y la integridad de las personas".[81]

---

79 Red en Defensa de los Derechos Digitales (R3D), «Tribunal Francés declaró inconstitucional ley que obligaba a retirar contenidos en línea por "discurso de odio"», 24 de junio, 2020, consultado el 2 de septiembre, 2023, https://r3d.mx/2020/06/24/tribunal-frances-declaro-inconstitucional-ley-que-obligaba-a-retirar-contenidos-en-linea-por-discurso-de-odio/; Lanza, *Moderación de contenidos*, 18.

80 Ministerio de Justicia de Cuba, «Decreto Ley 370 de 2018, Sobre la Informatización de la Sociedad Cubana», *Gaceta Oficial de la República de Cuba*, 4 de julio, 2019, consultado el 3 de septiembre, 2023, https://www.gacetaoficial.gob.cu/es/gaceta-oficial-no-45-ordinaria-de-2019

81 Ministerio de Justicia de Cuba, «Decreto Ley 370 de 2018».

En consecuencia, diversas organizaciones manifestaron que dicha ley contraviene lo establecido en los tratados internacionales en materia de derechos humanos de los que el Estado es parte, así como a su constitución nacional.[82] De igual forma, señalan que se impusieron restricciones que afectan al ejercicio de los diversos derechos humanos como la libertad de expresión o la privacidad, entre otras, además de que, al no definir los conceptos de "interés social, la moral, las buenas costumbres y la integridad de las personas", se puede inhibir el debate público y político.[83]

f) Nicaragua.

El 30 de octubre de 2020 se publicó la Ley No. 1042, Ley especial de ciberdelito, donde se establecen como delitos la divulgación no autorizada (artículo 23) y la propagación de noticias falsas a través de las Tecnologías de la Información y la Comunicación (artículo 30). Estos artículos se enfocan en el emisor del mensaje, es decir, quién publica el contenido, el cual puede ser sujeto de pena corpórea y pecuniaria.[84] Al igual que otras normas similares, dicha Ley tuvo sus críticas, dado que fue considerada como un intento de censura.[85]

---

82 Artículo 19 MX-CA, «Cuba: El Decreto Ley 370 debe ser declarado inconstitucional pues atenta contra la libertad de expresión y de prensa», 15 de junio, 2020, consultado el 5 de septiembre, 2023, https://articulo19.org/cuba-organizaciones-y-medios-de-comunicacion-respaldamos-la-peticion-para-declarar-inconstitucional-el-decreto-ley-370-en-cuba/

83 Artículo 19 MX-CA, «Cuba: El Decreto Ley 370».

84 «Ley Especial de Ciberdelitos (Ley núm. 1042)», *La Gaceta. Diario Oficial de la república de Nicaragua,* 30 de octubre, 2020, http://legislacion.asamblea.gob.ni/normaweb.nsf/($All)/803E7C7FBCF44D7706258611007C6D87

85 Lanza, *Moderación de contenidos,* 19.

g) Otros países latinoamericanos como Brasil (Proyecto 2630/2020[86], conocido como Ley FakeNews), Colombia (Proyecto 600/2021[87]) y Perú (Proyecto 06383/2020[88] y 07222/2020[89]) igualmente han presentado proyectos para la moderación de contenidos y la responsabilidad de los intermediarios en internet, entre otros aspectos.[90]

Como se observa, hay legislaciones que se enfocan en la responsabilidad del intermediario para monitorear el contenido que circula en las plataformas, cuyo objeto es que no se fomenten discursos de odio, violencia, etc. Sin embargo, algunas leyes no logran ponderar ni considerar las características del entorno digital y ello ha traído la posible vulneración a la libertad de expresión. Asimismo, se han

---

86 Senado Federal do Brasil, «Institui a Lei Brasileira de Liberdade, Responsabilidade e Transparência na Internet», Senado Federal, 2020, https://www.camara.leg.br/proposicoesWeb/prop_mostrarintegra;jsessionid=node07kpnpvk9e69m1fbk96eaj7xay24671870.node0?codteor=1909983&filename=PL+2630/2020

87 El Congreso de Colombia, «Proyecto de Ley 600/2021, por la cual se regulan las responsabilidades establecidas en el artículo 47 de la Ley 1098 de 2006 para el reconocimiento, garantía y protección de los derechos de la niñez, la infancia y la adolescencia y se adoptan medidas preventivas para evitar la vulneración de sus derechos», 2020, https://www.camara.gov.co/sites/default/files/2021-04/P.L.600-2021C%20%28PROTECCION%20NIÑOS%29.pdf

88 Congreso de la República de Perú, «Proyecto de Ley 06383/2020-CR, que obliga a las empresas operadoras del servicio de internet a instalar filtros que bloqueen el acceso a situaciones de explotación sexual», 7 de octubre, 2020, https://leyes.congreso.gob.pe/Documentos/2016_2021/Proyectos_de_Ley_y_de_Resoluciones_Legislativas/PL06383-20201007.pdf

89 Congreso de la República de Perú, «Proyecto de Ley 7222/2020-CR, que regula el uso indebido de medios tecnológicos en telecomunicaciones como las redes sociales y aplicaciones», 26 de febrero, 2021, https://leyes.congreso.gob.pe/Documentos/2016_2021/Proyectos_de_Ley_y_de_Resoluciones_Legislativas/PL07222-20210226.pdf.

90 Lanza, *Moderación de contenidos,* 19-20.

llegado a considerar como censura aquellas leyes que han tratado de mitigar el efecto de las *fake news*, cuando su intención real es la de eliminar el contenido que desinforma a la población.

IV. REGULACIÓN DE LA MODERACIÓN DE CONTENIDOS EN MÉXICO

La Constitución Política de los Estados Unidos Mexicanos (CPEUM) reconoce (en su artículo 6º, párrafos segundo) el "derecho al libre acceso a información plural y oportuna, así como a buscar, recibir y difundir información e ideas de toda índole por cualquier medio de expresión", mientras que en su párrafo tercero estipula el "derecho al acceso a la información y el acceso al uso de las tecnologías de la información y comunicación, así como a los servicios de radiodifusión y telecomunicaciones, incluido el de banda ancha e internet".[91]

Adicionalmente, el artículo 7º de la Constitución Política de los Estados Unidos Mexicanos señala que:

> Es inviolable la libertad de difundir opiniones, información e ideas, a través de cualquier medio. No se puede restringir este derecho por vías o medios indirectos, tales como el abuso de controles oficiales o particulares, de papel para periódicos, de frecuencias radioeléctricas o de enseres y aparatos usados en la difusión de información o por cualesquiera otros medios y tecnologías de la información y

---

91 «Artículos 6º y 7º», *Constitución Política de los Estados Unidos Mexicanos,* 5 de febrero, 1917, última reforma publicada el 6 de junio, 2023, (párrafo adicionado 11-06-2013), https://www.gob.mx/indesol/documentos/constitucion-politica-de-los-estados-unidos-mexicanos-97187#:~:text=Instituto%20Nacional%20de%20Desarrollo%20Social,gob.mx

> comunicación encaminados a impedir la transmisión y circulación de ideas y opiniones.
>
> Ninguna ley ni autoridad puede establecer la previa censura, ni coartar la libertad de difusión, que no tiene más límites que los previstos en el primer párrafo del artículo 6o. de esta Constitución. En ningún caso podrán secuestrarse los bienes utilizados para la difusión de información, opiniones e ideas, como instrumento del delito. [92]

En este sentido, se podría establecer que existe una regulación en materia de libertad de expresión, pero ¿es suficiente para un entorno digital? ¿De qué manera el Estado mexicano regula la moderación de contenido? ¿Existe alguna norma que responsabilice a los intermediarios de internet?

A manera de respuesta, se tienen que tomar en cuenta algunos aspectos de acuerdo con lo establecido en las normas comunitarias, aunque para efectos de esta reflexión solo se considerarán las redes que se mencionaron anteriormente en la sección III.1:

Para iniciar, México publicó en el *Diario Oficial de la Federación,* el 14 de julio de 2014, la Ley Federal de Telecomunicaciones y Radiodifusión (LFTyR), cuyo propósito radica en la protección a la libertad de expresión y el acceso a la información, entre otros.[93] De igual forma se establece al Instituto Federal de Telecomunicaciones (IFT) quien es un órgano público autónomo y cuyo objeto es el de "regular y promover la competencia y el desarrollo eficiente de las telecomunicaciones y la radiodifusión en el ámbito de las atribuciones que le confieren la Constitución y en los tér-

---

92 «Artículos 6° y 7°», *Constitución Política de los Estados Unidos Mexicanos.*

93 «Ley Federal de Telecomunicaciones y Radiodifusión», *Diario Oficial de la Federación,* 14 de julio, 2014, Artículo 1°.

minos que fijan esta Ley y demás disposiciones legales aplicables".[94]

No obstante, para 2021, el senador Ricardo Monreal Ávila presentó la Iniciativa con proyecto de Decreto con el que se pretenden reformar y adicionar diversas disposiciones de la Ley Federal de Telecomunicaciones y Radiodifusión, con las cuales se trataba de regular a las redes sociales y la libertad de expresión.[95] En ese sentido, parte de la iniciativa obligaba a las redes sociales a solicitar la autorización del IFT para registrar, actualizar o modificar los términos y condiciones de la plataforma.[96] Cabe mencionar que esto es aplicable a las redes sociales relevantes, las cuales son definidas como aquellas cuentas que tengan un millón o más de usuarios o suscriptores.[97]

Adicionalmente, en la suspensión de cuenta o perfil, la eliminación de un contenido o, en su caso, la cancelación en forma definitiva de una cuenta se necesita considerar lo siguiente: se debe estar previamente autorizado por el IFT, el uso de algoritmos podrán emplearse para determinar su procedencia y se requiere contar con un área de expertos en materia de derechos humanos y libertad de expresión quienes deberán emitir la resolución respectiva (para este caso, está prohibido el uso de algoritmo o tecnologías au-

---

94 «Ley Federal de Telecomunicaciones y Radiodifusión», Artículo 7º, primer párrafo.

95 Ricardo Monreal Ávila, «Iniciativa con proyecto de Decreto por el que se reforman y adicionan diversas disposiciones de la Ley Federal de Telecomunicaciones y Radiodifusión», 29 de enero, 2021, consultado el 2 de septiembre, 2023, https://ricardomonrealavila.com/wp-content/uploads/2021/02/REDES-SOCIALES-Propuesta-Iniciativa-29.01.21.pdf

96 Monreal, «Iniciativa con proyecto de Decreto», Artículo 175 BIS, 39.

97 Monreal, «Iniciativa con proyecto de Decreto», Artículo 3º, fracción LXII, 46.

tomatizadas), entre otros aspectos.[98] Asimismo, es menester establecer sanciones pecuniarias por vulnerar la libertad de expresión en redes sociales.[99] No obstante, esta Iniciativa fue criticada, dado que presentaba temas de censura, un riesgo a la libertad de expresión e inviabilidad tecno-jurídica.[100]

Por otro lado, el artículo 222, párrafo primero, de la Ley Federal de Telecomunicaciones y Radiodifusión establece que:

> El derecho de información, de expresión y de recepción de contenidos, a través del servicio público de radiodifusión y de televisión y audio restringidos, es libre y consecuentemente no será objeto de ninguna persecución o investigación judicial o administrativa ni de limitación alguna ni censura previa, y se ejercerá en los términos de la Constitución, los tratados internacionales y las leyes aplicables.

---

98 Monreal, «Iniciativa con proyecto de Decreto», artículo 175 TER, 48-49.

99 Monreal, «Iniciativa con proyecto de Decreto», artículo 311 BIS, 51.

100 Centro de Información sobre Empresas y Derechos Humanos, «México: ONGs señalan que proyecto en el Senado para la 'regulación de redes sociales' representa censura estatal, violación de derechos humanos y amenaza la libertad de expresión», *Centro de Información sobre Empresas y Derechos Humanos,* 12 de febrero, 2021, consultado el 3 de septiembre, 2023, https://www.business-humanrights.org/es/%C3%BAltimas-noticias/m%C3%A9xico-proyecto-del-senador-ricardo-monreal-para-regulaci%C3%B3n-de-redes-sociales-representa-censura-estatal-violaci%C3%B3n-de-derechos-y-amenaza-la-libertad-de-expresi%C3%B3n-dicen-organizaciones/; y Gerardo Carrasco Chávez y José Mario De La Garza Martins, «La iniciativa de Monreal contra las redes sociales es inviable e inconstitucional», *Letras Libres,* 11 de febrero, 2021, consultado el 5 de septiembre, 2023, https:// www.letraslibres.com/mexico/politica/la-iniciativa-monreal-contra-las-redes-sociales-es-inviable-e-inconstitucional

> Las autoridades en el ámbito de su competencia promoverán el respeto a los derechos humanos, el principio del interés superior de la niñez, a fin de garantizar de manera plena sus derechos, así como la perspectiva de género.[101]

Además, el artículo 216, fracción IV, de la referida ley establecía una atribución del IFT sobre "Ordenar la suspensión precautoria de las transmisiones que violen las normas previstas en esta Ley en las materias a que se refiere la fracción III, previo apercibimiento". Sin embargo, esta fracción fue declarada inválida por sentencia de la SCJN, el 16 de diciembre de 2022.[102] No obstante, derivado de lo anterior, el Estado mexicano seguiría el principio de no responsabilizar a los intermediarios en internet, además de que estaría de acuerdo con el Tratado de México, Estados Unidos y Canadá (T-MEC) en sus capítulos 18 y 19.[103]

Por otro lado, el 1 de julio de 2020, se modificó la Ley Federal de Derechos de Autor (LFDA), en atención a y con

---

101 «Ley Federal de Telecomunicaciones y Radiodifusión», *Diario Oficial de la Federación,* 14 de julio, 2014, (última reforma 20 de mayo de 2021).

102 «Sentencia dictada por el Tribunal Pleno de la Suprema Corte de Justicia de la Nación en la Acción de Inconstitucionalidad 150/2017 y su acumulada 153/2017, así como los Votos Concurrentes de las señoras Ministras Loretta Ortiz Ahlf y Norma Lucía Piña Hernández, y de los señores Ministros Alberto Pérez Dayán y Presidente Arturo Zaldívar Lelo de Larra», *Diario Oficial de la Federación,* 16 de diciembre, 2022, consultado el 5 de septiembre, 2023, https://www.dof.gob.mx/nota_detalle.php?codigo=5674812&fecha=16/12/2022#gsc.tab=0

103 Tratado México, Estados Unidos y Canadá, «Capítulo 18 Telecomunicaciones», 29 de junio, 2020, consultado el 5 de septiembre, 2023, https://www.gob.mx/cms/uploads/attachment/file/465800/18ESPTelecomunicaciones.pdf; y Tratado México, Estados Unidos y Canadá, «Capítulo 19 Comercio digital», 29 de junio, 2020, https://www.gob.mx/cms/uploads/attachment/file/465801/19ESPComercioDigital.pdf

la entrada en vigor del T-MEC, en cuyo artículo 114 Septies se define al Proveedor de Acceso a Internet y el Proveedor de Servicios en Línea, y, en el artículo subsecuente, el 114 Octies, se establecen las responsabilidades de ambas figuras. De esta forma, el Proveedor de Servicios en Línea queda definido como:

> aquella persona que realiza alguna de las siguientes funciones: a) Almacenamiento temporal llevado a cabo mediante un proceso automático; b) Almacenamiento, a petición de un usuario, del material que se aloje en un sistema o red controlado u operado por o para un Proveedor de Servicios de Internet; c) Direccionamiento o vinculación a usuarios a un sitio en línea mediante el uso de herramientas de búsqueda de información, incluyendo hipervínculos y directorios.[104]

Asimismo, el artículo 114 Octies, fracción II, inciso b), de la referida Ley establece que:

> no serán responsables de las infracciones, así como de los datos, información, materiales y contenidos que se transmitan o almacenen en sus sistemas o redes controladas u operadas por ellos o en su representación, y en los casos que direccionen o vinculen a usuarios a un sitio en línea, cuando: [...] retiran, inhabilitan o suspenden unilateralmente y de buena fe, el acceso a la publicación, la difusión, comunicación pública y/o la exhibición del material o contenido, para impedir la violación de las disposiciones legales aplicables o para cumplir las obligaciones derivadas de una relación contractual o jurídica, siempre que tomen medidas razonables para notificar a la persona cuyo material se remueva o inhabilite.[105]

---

[104] «Ley Federal de Derechos de Autor», *Diario Oficial de la Federación*, 24 de diciembre, 1996, (última reforma 1 de julio, 2020), artículo 114 Septies, fracción II.

[105] «Ley Federal de Derechos de Autor», artículo 114 Octies, fracción II, inciso b).

En esta ley se estipula el notificar a la persona por la infracción del contenido, así como los elementos mínimos que debe contener el aviso.[106] De igual manera, el usuario afectado podrá solicitar la restauración del contenido a través de un contra-aviso, el cual, a su vez, será tornado a la persona quien presentó el reclamo original, salvo que se inicie un procedimiento judicial.[107]

Por último, en el artículo 114 Octies, fracciones IV y V de la LFDA se señala que los Proveedores de Servicios de Internet no están obligados a monitorear sus sistemas, pero podrán realizar seguimiento proactivo para identificar contenidos que vulneren los derechos y libertades acorde a lo establecido en la LFTyR. No obstante, esta reforma ha sido igualmente criticada por violar los artículos 6° y 7° de la CPEUM, a tal grado que la Comisión Nacional de Derechos Humanos promovió una acción de inconstitucionalidad ante la SCJN.[108]

Asimismo, a nivel estatal, específicamente en el Código Penal del Estado de Veracruz, por ejemplo, se incluyó el artículo 373 (también conocido como la Ley Duarte), el cual tipifica el delito de perturbación del orden público con la finalidad de sancionar a aquellas personas que hicieran circular en medios digitales (redes sociales) información falsa que altere el orden público.[109] No obstante, dicho artículo fue

---

106 «Ley Federal de Derechos de Autor», artículo 114 Octies, fracción II, inciso a).

107 «Ley Federal de Derechos de Autor», artículo 114 Octies, fracción III.

108 CNDH, «Acción de inconstitucionalidad», 3 de agosto, 2020, https://www.cndh.org.mx/sites/default/files/documentos/2020-08/Acc_Inc_2020_217.pdf

109 Manu Ureste, «Corte <i>tumba</i> la Ley Duarte en Veracruz contra tuiteros», *Animal político*, 20 de junio, 2013, consultado el 2 de septiembre, 2023, https://www.animalpolitico.com/sociedad/corte-tumba-la-ley-duarte

declarado inconstitucional por la SCJN al vulnerar derechos como la libertad de expresión y acceso a la información.[110]

V. ALGUNOS DESAFÍOS DE LA MODERACIÓN DE CONTENIDOS

La moderación de contenidos es un tema complejo debido a la pugna por encontrar el balance entre los intereses económicos y la protección a los derechos humanos, específicamente la libertad de expresión, además de que la regulación de las plataformas implica comprender la aplicación de la perspectiva sistémica digital (comentada en subtemas anteriores). Derivado de esto, se vuelve necesario reflexionar sobre algunos desafíos sobre la materia:

a) Aplicación de nuevas tecnologías y la vulnerabilidad de los derechos humanos

Actualmente, una de las tecnologías más controvertidas es la inteligencia artificial, pues facilita la creación de contenido bajo la aplicación de Deepfake o la clonación de la voz.

Por otro lado, en las redes sociales los algoritmos de la inteligencia artificial son centrales en la difusión del contenido, por lo que, al ser deliberadamente explotados, pudieran influir en las decisiones de las personas, como en la política.[111]

---

110 Suprema Corte de Justicia de la Nación, «Acción de Inconstitucionalidad 29/2011. "Invalida SCJN norma que afecta el derecho de los tuiteros a la libertad de expresión y a la información"», 20 de junio, 2013, consultado el 15 de agosto, 2023, https://www2.scjn.gob.mx/AsuntosRelevantes/pagina/SeguimientoAsuntosRelevantesPub.aspx?ID=132774&SeguimientoID=549

111 Carme Colomina Saló y Susana Pérez-Soler, «Desorden informativo en la UE: construyendo una respuesta normativa», *Revista CIDOB d'Afers Internacionals*, Barcelona, núm. 131, septiembre, 2022, 147.

Asimismo, en la Unión Europea, por ejemplo, han establecido algunas bases para mitigar el impacto que puede tener la distribución de noticias falsas y la desinformación, por lo que se aprobó el Código de Buenas Prácticas en materia de desinformación de 2022, el cual es de carácter no obligatorio, pero que puede ser adoptado por las instituciones europeas, las plataformas digitales, etcétera.[112]

Cabe mencionar que durante la pandemia de la COVID-19, en 2020, se dio el fenómeno de la infodemia, la cual generaba una gran cantidad de desinformación a través de las redes sociales, lo que provocó que diversas plataformas adoptaran dicho Código en sus normas comunitarias con la finalidad de mitigar el impacto ante una situación sensible.[113] Sin embargo, se manifestaron abusos por parte de las redes sociales al establecer mecanismos de censura previa y al etiquetar como *spam* contenido que tenía información verdadera.[114]

Otro aspecto que se debe considerar es el empleo de la inteligencia artificial para moderar el contenido, puesto que tal tecnología carece de la capacidad de contextualizar el sentido de las palabras, imágenes, videos y demás tipos de mensajes, lo cual inevitablemente llevaría a la censura (remoción de contenido) e incluso la aplicación de alguna sanción acorde con lo estipulado en la red social, así como a incumplir los tratados internacionales en materia de derechos humanos.[115]

---

112 Colomina, «Desorden informativo en la UE», 150-152.

113 Colomina, «Desorden informativo en la UE», 150-151.

114 Celeste Gómez Wagner, «Plataformas de Internet y libertad de expresión en la pandemia», *InMediaciones de la Comunicación*, Uruguay, vol. 17, núm. 1, (2022), 89.

115 Manuel Ernesto Larrondo y Nicolás Mario Grandi, «Inteligencia Artificial, algoritmos y libertad de expresión», *Universitas. Revista de ciencias sociales y humanas de la Universidad Politécnica Salesiana*, Ecua-

En este tenor, en una de sus recomendaciones, Celeste Gómez Wagner argumenta que se vuelve imperativo que los usuarios conozcan los criterios por los cuales el algoritmo prioriza el contenido que se visualiza, de donde se desprende la necesidad del principio de transparencia, e igualmente afirma que es menester que el usuario sea quien decida sobre los contenidos que visualiza a través de un filtrado personalizado.[116]

En este sentido, el riesgo que existe con el uso de la inteligencia artificial se da en un doble aspecto, pues es esta tecnología quien decide sobre el contenido en línea, así como sobre su remoción, acorde con las normas comunitarias o los términos y condiciones,[117] lo cual puede vulnerar el derecho al acceso a la información y la libertad de expresión.

b) Identidad digital y la suplantación de identidad

Como se pudo observar, en las normas comunitarias de las redes sociales se estipula la restricción de la suplantación de identidad. En este sentido, Facebook, por ejemplo, es una de las redes sociales que establece cuatro principios de acreditación: autenticidad, seguridad, dignidad y privacidad;[118] sin embargo, ello únicamente se enfoca en el contenido que se comparte, mas no en verificar quién es el usuario.

---

dor, núm. 34, (2021), 177 y 181, https://doi.org/10.17163/uni.n34.2021.08

116 Gómez Wagner, “Plataformas de Internet”», 96-97; y Larrondo, «Inteligencia Artificial», 184.

117 Larrondo, «Inteligencia Artificial», 181.

118 Meta, «Normas comunitarias de Facebook», s.f., consultado el 2 de septiembre, 2023, https://transparency.fb.com/es-la/policies/community-standards/?source=https%3A%2F%2Fes-la.facebook.com%2Fcommunitystandards

Bajo ese tenor, dicha red social puede estar vulnerando alguno de sus principios al no centrarse en el usuario. En otras palabras, uno de los riesgos en las redes sociales es la suplantación de identidad, dado que hay facilidad para colocar nombres y fotografías ficticias, o hacer pasar un perfil como el de una persona determinada.

De esta manera, existen riesgos con la inteligencia artificial, al ser posible generar contenido de una persona empleando Deepfake o la clonación de voz de un individuo, lo cual podría crear una imagen inadecuada de una persona, ya sea por audio, video u otro formato, y vulnerar así su derecho al honor y ocasionar daño moral.[119]

c) Estandarización culturalmente adecuada de los elementos que deben tener las redes sociales en materia de derechos humanos

Como se observó, las redes sociales pueden compartir similitudes y tener diferencias. Sin embargo, se requiere una estandarización a nivel internacional, como pueden ser los procedimientos de reporte/denuncia y apelación, los órganos colegiados e incluso en la propia aplicación de los tratados internacionales en materia de derechos humanos, entre otros.

En este sentido, en el proceso de creación de órganos colegiados los proveedores de servicios en línea (redes sociales) deben integrar a expertos en materia de derechos humanos y libertad de expresión, a la par de cuestionar el valor que tiene sus decisiones, debido, principalmente, a que realizan funciones similares a la de un juzgador. La

---

[119] Emilia Soledad Bonilla Manotoa et al., «La honra versus la libertad de expresión en redes sociales: mecanismo de determinación de daño moral ante la colisión de derechos humanos», *USFQ Law Review*, vol. 7, núm. 1, (2020), 183-201, doi:10.18272/ulr.v7i1.1680.

pregunta sería, como se ha mencionado, si las resoluciones que toman dichos órganos se podrían equiparar con algún precedente y qué vinculación tendría con la vía judicial, y, por otro lado, se debe cuidar igualmente la ética que debe presentar el Consejo, pues se puede considerar que, en veces, la propia plataforma es juez y parte.

De la misma forma, se requiere que las personas que sean parte de tales organismos colegiados estén capacitadas en la legislación internacional y nacional en materia de derechos humanos con la finalidad de que sus decisiones y recomendaciones vayan acorde al contexto.

En el mismo tenor, se debe fomentar la participación ciudadana no solo de los usuarios o empleados de las plataformas, sino, como en el caso de YouTube, de las ONG en el monitoreo de contenido.[120]

Adicionalmente, se requiere que el mecanismo de reporte o denuncia no se limite a los usuarios, sino que las personas que no tengan cuentas en la red social y que se vean afectadas o vulneradas puedan ejercer los mecanismos establecidos por la plataforma. Asimismo, se deben fortalecer los compromisos con la transparencia y establecer los mecanismos de *accountability* o responsabilidad,[121] e incluso, fomentar el intercambio de información entre Estado, organismos internacionales y plataformas de redes sociales en lo que concierne a los métodos de monitoreo y la implementación de buenas prácticas.[122]

---

120 Lanza, *Moderación de contenidos,* 6 y 22-25.

121 Lanza, *Moderación de contenidos,* 6 y 22-25.

122 Lanza, *Moderación de contenidos,* 6 y 22-25.

VI. CONCLUSIONES

La moderación de contenido en redes sociales puede tener varios aspectos a considerar, pero es necesario comprender la importancia de establecer y aplicar los criterios adecuados que homologuen las diferentes circunstancias que se presentan en las plataformas digitales con la finalidad de atender lo establecido por los tratados internacionales en materia de derechos humanos, así como tomar en cuenta el contexto de cada país.

Por otro lado, en la moderación de contenido debe haber una cooperación entre la inteligencia artificial y la vigilancia o monitoreo por personas humanas para analizar casos específicos donde la tecnología se vea limitada.

Cabe mencionar que en el Estado mexicano no existe una ley específica en la materia, pero se puede recurrir a la legislación internacional y a otras normas nacionales para lograr una moderación de contenido, así como un balance en materia de propiedad intelectual. En este tenor, los aspectos que se consideran relevantes giran alrededor de centrar una regulación sobre los mecanismos de apelación e incluso el resarcimiento del daño ante la aplicación de una moderación de contenido incorrecta por parte del proveedor del servicio en línea. De igual forma, se debe certificar o verificar que los organismos colegiados de las plataformas digitales sean expertos en la materia y sin conflicto de interés, con la finalidad de que el análisis sea imparcial. Incluso se podría considerar la participación de otros entes como autoridades competentes del sector público y organizaciones civiles.

Por otra parte, también es necesario observar el cuidado de la salud mental de las personas moderadoras de contenido, quienes, además, tienen la tarea de revisar las publicaciones compartidas dentro de la red social.

Por último, la transparencia y la rendición de cuentas juegan un papel primordial para comprender la manera en la cual las plataformas llevan a cabo la moderación de su contenido y, por otro lado, es también necesario promover la formación o capacitación de los usuarios de las redes sobre la materia, con la finalidad de que cuenten con los medios necesarios para prevenir o defenderse ante alguna situación dentro de la red social.

VII. BIBLIOGRAFÍA

«Artículos 6º y 7º», *Constitución Política de los Estados Unidos Mexicanos,* 5 de febrero, 1917, última reforma publicada el 06 de junio, 2023, https://www.gob.mx/indesol/documentos/constitucion-politica-de-los-estados-unidos-mexicanos-

Artículo 19 MX-CA, «Cuba: El Decreto Ley 370 debe ser declarado inconstitucional pues atenta contra la libertad de expresión y de prensa», 15 de junio, 2020, consultado el 5 de septiembre, 2023, https://articulo19.org/cuba-organizaciones-y-medios-de-comunicacion-respaldamos-la-peticion-para-declarar-inconstitucional-el-decreto-ley-370-en-cuba/

Asamblea General de las Naciones Unidas en París, «Declaración Universal de los Derechos Humanos», 10 de diciembre, 1948, consultado el 2 de septiembre, 2023, https://www.un.org/es/about-us/universal-declaration-of-human-rights

Asamblea General de las Naciones Unidas, «Informe del Relator Especial sobre la promoción y protección del derecho a la libertad de opinión y de expresión, Frank La Rue», AGNU, 16 de mayo, 2011, consultado el 13 de agosto, 2023, 12, https://www.acnur.org/fileadmin/Documentos/BDL/2015/10048.pdf

Asamblea Nacional Constituyente de Venezuela, «Ley Constitucional contra el odio, por la convivencia pacífica y la tolerancia», *Gaceta Oficial de la República Boliviana de Venezuela,* 10 de noviembre, 2017, consultado el 3 de septiembre, 2023, https://www.asambleanacional.gob.ve/storage/documentos/leyes/ley-constitucional-contra-el-odio-por-la-convivencia-pacifica-y-la-tolerancia-20220215163238.pdf

Bonilla Manotoa, Emilia Soledad ct al., «La honra versus la libertad de expresión en redes sociales: mecanismo de determinación de daño moral ante la colisión de derechos humanos», *USFQ Law Review,* vol. 7, núm. 1, (2020), 183-201, doi:10.18272/ulr.v7i1.1680

Botero Marino, Catalina et al., *El derecho a la libertad de expresión. Curso avanzado para jueces y operadores jurídicos en las Américas,* Centro de Estudios de Derecho, Justicia y Sociedad, Universidad de los Andes-Open Society Foundations, 2017, https://www.dejusticia.org/wp-content/uploads/2017/07/El-derecho-a-la-libertad-de-expresi%C3%B3n-PDF-FINAL-Julio-2017-1-1.pdf

Bundesministerium der Justiz, «Gesetz zur Verbesserung der Rechtsdurchsetzung in sozialen Netzwerken (Netzwerkdurchsetzungsgesetz-NetzDG)», 1 de septiembre, 2017, última modificación 21 de julio, 2022, consultado el 11 de julio, 2023, https://www.gesetze-im-internet.de/netzdg/BJNR335210017.html.

Carrasco Chávez, Gerardo y José Mario De La Garza Martins, «La iniciativa de Monreal contra las redes sociales es inviable e inconstitucional», *Letras Libres,* 11 de febrero, 2021, consultado el 5 de septiembre, 2023. https:// www.letraslibres.com/mexico/politica/la-iniciativa-monreal-contra-las-redes-sociales-es-inviable-e-inconstitucional

Casetext, «Stratton Oakmont Inc vs. Prodigy Services Co, Casetext: Investigación jurídica más inteligente», 24 de mayo, 1995, consultado el 2 de agosto, 2023, https://casetext.com/case/stratton-oakmont-inc-v-prodigy-servs

Centro de Información sobre Empresas y Derechos Humanos, «México: ONGs señalan que proyecto en el Senado para la 'regulación de redes sociales' representa censura estatal, violación de derechos humanos y amenaza la libertad de expresión», *Centro de Información sobre Empresas y Derechos Humanos*, 12 de febrero, 2021, consultado el 3 de septiembre, 2023, https://www.business-humanrights.org/es/%C3%BAltimas-noticias/m%C3%A9xico-proyecto-del-senador-ricardo-monreal-para-regulaci%C3%B3n-de-redes-sociales-representa-censura-estatal-violaci%C3%B3n-de-derechos-y-amenaza-la-libertad-de-expresi%C3%B3n-dicen-organizaciones/;

Chan Chan, Francisco, Adriana A. Figueroa Muñoz Ledo y Jesús Eulises González Mejía, *Libertad artificial. Discursos, redes y pluralidad. Impactos diferenciados en la moderación de contenidos en plataformas digitales*, IIJUNAM-Article19, consultado el 15 de agosto, 2023, https://articulo19.org/wp-content/uploads/2022/10/A19_Netgain-LibertadArtificial.pdf

Chorny Elizalde, Vladimir Alexei, Luis Fernando García Muñoz y Grecia Elizabeth Macias Llanas, *La moderación de contenidos desde una perspectiva interamericana*, A1Sur-Red en defensa de los derechos digitales, 2022, consultado el 2 de septiembre, 2023, https://r3d.mx/wp-content/uploads/moderacion_contenidos_v4A.pdf

CIDH-OEA, «Declaración Conjunta sobre Libertad de Expresión e Internet», OEA, 1 de junio, 2011, consultado 10 de agosto, 2023, https://www.oas.org/es/cidh/expresion/showarticle.asp?artID=849

CIDH, «Relatoría Especial para la Libertad de Expresión. Libertad de expresión e internet», OEA/Ser.L/V/II. CIDH/RELE/INF.11/13, 31 de diciembre, 2013, consultado, 23 de agosto, 2023, http://www.oas.org/es/cidh/expresion/docs/informes/2014_04_08_internet_web.pdf

CNDH, «Acción de inconstitucionalidad», 3 de agosto, 2020, https://www.cndh.org.mx/sites/default/files/documentos/2020-08/Acc_Inc_2020_217.pdf

Colomina Saló, Carme y Susana Pérez-Soler, «Desorden informativo en la UE: construyendo una respuesta normativa», *Revista CIDOB d'Afers Internacionals*, Barcelona, núm. 131, septiembre, 2022.

Congreso de Colombia, «Proyecto de Ley 600/2021, por la cual se regulan las responsabilidades establecidas en el artículo 47 de la Ley 1098 de 2006 para el reconocimiento, garantía y protección de los derechos de la niñez, la infancia y la adolescencia y se adoptan medidas preventivas para evitar la vulneración de sus derechos», 2020, https://www.camara.gov.co/sites/default/files/2021-04/P.L.600-2021C%20%28PROTECCION%20NIÑOS%29.pdf

Congreso de la República de Perú, «Proyecto de Ley 06383/2020-CR, que obliga a las empresas operadoras del servicio de internet a instalar filtros que bloqueen el acceso a situaciones de explotación sexual», 7 de octubre, 2020, https://leyes.congreso.gob.pe/Documentos/2016_2021/Proyectos_de_Ley_y_de_Resoluciones_Legislativas/PL06383-20201007.pdf

Congreso de la República de Perú, «Proyecto de Ley 7222/2020-CR, que regula el uso indebido de medios tecnológicos en telecomunicaciones como las redes sociales y aplicaciones», 26 de febrero, 2021, https://leyes.congreso.gob.pe/Documentos/2016_2021/Proyectos_de_Ley_y_de_Resoluciones_Legislativas/PL07222-20210226.pdf.

Facebook, «Cómo apelar ante el Consejo asesor de contenido», 19 de enero, 2022, consultado el 2 de julio, 2023, https://transparency.fb.com/es-la/oversight/appealing-to-oversight-board/

Facebook, «Cómo detecta infracciones la tecnología», meta 19 de enero, 2022, consultado el 2 de julio, 2023, https://transparency.fb.com/es-la/enforcement/detecting-violations/technology-detects-violations/

Facebook, «Cómo invierte Meta en tecnología», Meta, 19 de enero, 2022, consultado el 2 de julio, 2023, https://transparency.fb.com/es-la/enforcement/detecting-violations/investing-in-technology.

Facebook, «Cómo prioriza Meta qué contenido revisa», Meta, 26 de enero, 2022, consultado el 2 de julio, 2023,

Facebook, «Detección de infracciones», Meta, s.f., consultado el 2 de julio, 2023, https://transparency.fb.com/es-la/enforcement/detecting-violations/

Facebook, «Ley alemana para la aplicación de reglamentaciones de cumplimiento en las redes sociales ("NetzDG"), Servicio de ayuda de Facebook», consultado el 1 de julio, 2023, https://es-es.facebook.com/help/1807845469513149,

Facebook, «Ley de Plataformas de Comunicación de Austria | Servicio de ayuda de Facebook», 3 de julio, 2023, https://es-la.facebook.com/help/3846278558774584/?helpref=related_articles

Facebook, «Meta's Quarterly Updates on the Oversight Board», Meta, 29 de agosto, 2023, consultado el 2 de julio, 2023, https://transparency.fb.com/es-la/oversight/meta-quarterly-updates-on-the-oversight-board/

Facebook, «Normas comunitarias de Facebook», Meta, s.f., 31 de agosto, 2023 https://transparency.fb.com/es-la/policies/community-standards/

Facebook, «Normas comunitarias de Facebook», Meta, s.f., consultado el 2 de julio, 2023, https://transparency.fb.com/es-la/policies/community-standards/?source=https%3A%2F%2Fes-la.facebook.com%2Fcommunitystandards.

Facebook, «Reportar contenido en Facebook», Meta, s.f., consultado el 3 de julio, 2023, https://es-la.facebook.com/help/reportlinks

Gómez Wagner, Celeste, «Plataformas de Internet y libertad de expresión en la pandemia», *InMediaciones de la Comunicación,* Uruguay, vol. 17, núm. 1, 2022.

Google, «Informe de transparencia. Retiradas en virtud de la ley alemana de redes sociales», s.f., consultado el 1 de septiembre, 2023, https://transparencyreport.google.com/netzdg/overview?hl=es.

Justia US Law, «Cubby, Inc. v. CompuServe, Inc. 776 F. Supp. 135», 1991, consultado el 2 de junio, 2023, https://law.justia.com/cases/federal/district-courts/FSupp/776/135/2340509/

Lanza, Edison y Matías Jackson, *Moderación de contenidos y mecanismos de autorregulación. El Oversight Board de Facebbok y sus implicaciones para América Latina,* Diálogo Americano, 2021.

Larrondo, Ernesto Manuel y Nicolás Mario Grandi, «Inteligencia Artificial, algoritmos y libertad de expresión»,

Universitas. Revista de ciencias sociales y humanas de la Universidad Politécnica Salesiana, Ecuador, núm. 34, (2021), https://doi.org/10.17163/uni.n34.2021.08

«Ley Especial de Ciberdelitos (Ley n°. 1042)», *La Gaceta. Diario Oficial de la república de Nicaragua,* 30 de octubre, 2020, http://legislacion.asamblea.gob.ni/normaweb.nsf/($All)/803E7C7FBCF44D7706258611007C6D87

«Ley Federal de Derechos de Autor», *Diario Oficial de la Federación,* 24 de diciembre, 1996, (última reforma 1 de julio, 2020), artículo 114 Septies, fracción II.

«Ley Federal de Telecomunicaciones y Radiodifusión», *Diario Oficial de la Federación,* 14 de julio, 2014, Artículo 1°.

Meta, «Normas comunitarias de Facebook», s.f., consultado el 2 de septiembre, 2023, https://transparency.fb.com/es-la/policies/community-standards/?source=https%3A%2F%2Fes-la.facebook.com%2Fcommunitystandards

Ministerio de Justicia de Cuba, «Decreto Ley 370 de 2018, Sobre la Informatización de la Sociedad Cubana», *Gaceta Oficial de la República de Cuba,* 4 de julio, 2019, consultado el 3 de septiembre, 2023, https://www.gacetaoficial.gob.cu/es/gaceta-oficial-no-45-ordinaria-de-2019

Monreal Ávila, Ricardo, «Iniciativa con proyecto de Decreto por el que se reforman y adicionan diversas disposiciones de la Ley Federal de Telecomunicaciones y Radiodifusión», 29 de enero, 2021, consultado el 2 de septiembre, 2023, https://ricardomonrealavila.com/wp-content/uploads/2021/02/REDES-SOCIALES-Propuesta-Iniciativa-29.01.21.pdf

Naciones Unidas, *Principios Rectores sobre las Empresas y Derechos Humanos,* United Nations Human Rights, 2011, consultado el 2 de agosto, 2023, https://www.ohchr.org/

sites/default/files/documents/publications/guidingprinciplesbusinesshr_sp.pdf

OCDE (Organización para la Cooperación y el Desarrollo Económicos), «The Economic and Social Role of Internet Intermediaries», OCDE, 2010, consultado el 15 de agosto de 2023, 9, https://www.oecd.org/digital/ieconomy/44949023.pdf

Organización de los Estados Americanos, «Convención Americana sobre los Derechos Humanos», 22 de noviembre, 1969, consultado el 2 de septiembre, 2023, http://www.cidh.oas.org/Basicos/Spanish/Basicos2.htm

Oversight Board, «Garantizar el respeto a la libertad de expresión mediante un juicio independiente», s.f., consultado el 1 de septiembre, 2023, https://oversightboard.com/

Red en Defensa de los Derechos Digitales (R3D), «Tribunal Francés declaró inconstitucional ley que obligaba a retirar contenidos en línea por "discurso de odio"», 24 de junio, 2020, consultado el 2 de septiembre, 2023, https://r3d.mx/2020/06/24/tribunal-frances-declaro-inconstitucional-ley-que-obligaba-a-retirar-contenidos-en-linea-por-discurso-de-odio/;

«The Santa Clara Principles On Transparency and Accountability in Content Moderation», 2018, consultado el 12 de julio, 2023, https://santaclaraprinciples.org/

Senado Federal do Brasil, «Institui a Lei Brasileira de Liberdade, Responsabilidade e Transparência na Internet», Senado Federal, 2020, https://www.camara.leg.br/proposicoesWeb/prop_mostrarintegra;jsessionid=node07kpnpvk9e69m1fbk96eaj7xay24671870.node0?codteor=1909983&filename=PL+2630/2020

«Sentencia dictada por el Tribunal Pleno de la Suprema Corte de Justicia de la Nación en la Acción de Inconstitucionalidad 150/2017 y su acumulada 153/2017, así como los Votos Concurrentes de las señoras Ministras Loretta Ortiz Ahlf y Norma Lucía Piña Hernández, y de los señores Ministros Alberto Pérez Dayán y Presidente Arturo Zaldívar Lelo de Larra», *Diario Oficial de la Federación*, 16 de diciembre, 2022, consultado el 5 de septiembre, 2023, https://www.dof.gob.mx/nota_detalle.php?codigo=5674812&fecha=16/12/2022#gsc.tab=0

Suprema Corte de Justicia de la Nación, «Acción de Inconstitucionalidad 29/2011. "Invalida SCJN norma que afecta el derecho de los tuiteros a la libertad de expresión y a la información"», 20 de junio, 2013, consultado el 15 de agosto, 2023, https://www2.scjn.gob.mx/AsuntosRelevantes/pagina/SeguimientoAsuntosRelevantesPub.aspx?ID=132774&SeguimientoID=549

Supreme Court of Canada, «Google Inc. vs Equusteck solutions Inc., SCC Case Information: 36602», 18 de junio, 2017, consultado el 11 de julio, 2023, https://scc-csc.lexum.com/scc-csc/scc-csc/en/item/16701/index.do

TikTok, «Copyright Policy», s.f., consultado el 2 de junio, 2023, https://www.tiktok.com/legal/page/global/copyright-policy/en

TikTok, «Defender los derechos humanos», TikTok s.f., consultado el 6 de julio, 2023, https://www.tiktok.com/transparency/es-es/upholding-human-rights/

TikTok, «Excepciones en el interés público», marzo, 2023, consultado el 2 de junio, 2023, https://www.tiktok.com/community-guidelines/es-es/enforcement/

TikTok, «Incumplimiento de normas por el contenido y bloqueos | Centro de ayuda de TikTok», s.f., consultado el 2 de junio, 2023, https://support.tiktok.com/es/safety-hc/account-and-user-safety/content-violations-and-bans

TikTok, «Informar de un problema | Centro de ayuda de TikTok», s.f., consultado el 2 de junio, 2023, https://support.tiktok.com/es/safety-hc/report-a-problem

TikTok, «Informe de cumplimiento de las Normas de la comunidad | TikTok», s.f., consultado el 2 de junio, 2023, https://www.tiktok.com/transparency/es-es/community-guidelines-enforcement-2022-4/

TikTok, «Informe sobre solicitudes de retirada por propiedad intelectual | TikTok Jul-Dic 2022», s.f., consultado el 2 de junio, 2023, https://www.tiktok.com/transparency/es-es/intellectual-property-removal-requests-2022-2/

TikTok, «Informes», s.f., consultado el 4 de junio, 2023, https://www.tiktok.com/transparency/es-es/reports/

TikTok, «Normas de la comunidad», TikTok, marzo, 2023, consultado el 31 de agosto, 2023, https://www.tiktok.com/community-guidelines/es-es/fyf-standards/

Tratado México, Estados Unidos y Canadá, «Capítulo 18 Telecomunicaciones», 29 de junio, 2020, consultado el 5 de septiembre, 2023, https://www.gob.mx/cms/uploads/attachment/file/465800/18ESPTelecomunicaciones.pdf;

Tratado México, Estados Unidos y Canadá, «Capítulo 19 Comercio digital», 29 de junio, 2020, https://www.gob.mx/cms/uploads/attachment/file/465801/19ESPComercioDigital.pdf

Unión Europea, «Reglamento (UE) 2022/2065 del Parlamento Europeo y del Consejo de 19 de octubre, 2022 relativo a un mercado único de servicios digitales y por el que se modifica la Directiva 2000/31/CE», *Diario Oficial de la Unión Europea*, 2022, consultado el 11 de agosto, 2023, https://eur-lex.europa.eu/legal-content/ES/TXT/PDF/?uri=CELEX:32022R2065,

Ureste, Manu, «Corte <i>tumba</i> la Ley Duarte en Veracruz contra tuiteros», *Animal político*, 20 de junio, 2013, consultado el 2 de septiembre, 2023, https://www.animalpolitico.com/sociedad/corte-tumba-la-ley-duarte

Voorhoof, Dirk, «Tribunal Europeo de Derechos Humanos: Ahmet Yildirim contra Turquía», IRIS Observatorio Audiovisual Europeo, 2016, consultado el 1 de septiembre, 2023, https://merlin.obs.coe.int/article/7467

YouTube, «Acerca del programa Alertador Prioritario de YouTube», s.f., consultado el 4 de julio, 2023, https://support.google.com/youtube/answer/7554338?hl=es

YouTube, «Apelar las acciones relacionadas con las Normas de la Comunidad», s.f., consultado el 4 de junio, 2023, https://support.google.com/youtube/answer/185111?hl=es&ref_topic=9387083&sjid=15216007531097996887-NA

YouTube, «Denunciar vídeos, canales y otros contenidos inapropiados en YouTube», s.f., consultado el 4 de junio, 2023, https://support.google.com/youtube/answer/2802027?hl=es&ref_topic=9387085&sjid=15216007531097996887-NA.

YouTube, «Políticas y Normas de la Comunidad de YouTube-Cómo funciona YouTube», s.f., consultado el 31 de agosto, 2023, https://www.youtube.com/intl/ALL_es/howyoutubeworks/policies/community-guidelines/

YouTube, «Progreso de YouTube en materia de responsabilidad-Cómo funciona YouTube», s.f., consultado el 4 de julio, 2023, https://www.youtube.com/intl/ALL_es/howyoutubeworks/progress-impact/responsibility/

YouTube, «Progreso en la gestión del contenido dañino. Vídeos retirados (primera fuente de detección)», s.f., consultado el 4 de julio, 2023, https://www.youtube.com/intl/ALL_es/howyoutubeworks/progress-impact/responsibility/#detection-source

ASPECTOS FUNDAMENTALES DE LA PROTECCIÓN DE LOS DATOS PERSONALES

Mario A. Gómez Sánchez[*]

SUMARIO: I. INTRODUCCIÓN. II. ANTECEDENTES DE LA PROTECCIÓN DE DATOS PERSONALES. III. INCORPORACIÓN INTERNACIONAL DE LA PROTECCIÓN DE DATOS PERSONALES A LOS DERECHOS FUNDAMENTALES. IV. LA PROTECCIÓN DE DATOS PERSONALES EN MÉXICO. V. LA PROTECCIÓN DE DATOS DE NIÑAS, NIÑOS Y ADOLESCENTES EN EL ORDENAMIENTO INTERNACIONAL Y SU REFERENCIA EN MÉXICO. VI. BIBLIOGRAFÍA.

I. INTRODUCCIÓN

Las características de la era digital y de la sociedad contemporánea imprimen nuevos retos al derecho internacional y a la regulación nacional debido al vertiginoso avance de las Tecnologías de Información y Comunicación (TIC), gracias a las cuales es posible que las personas puedan comunicarse de manera inmediata y acceder a información de cualquier tipo. Dicha realidad se aglutina bajo el concepto de "sociedad de la información",[1] en la que, a la par de las ventajas comunicativas, también se expone a las personas a cualquier tipo de información, así como a

---

* Especialista Cumplimiento Normativo de las TIC., Ciberseguridad, Privacidad, Protección de Datos.

1 Manuel Castells, *La sociedad red*, (México: Siglo Veintiuno Editores, 1ª ed., 1999).

la manipulación de sus datos personales, los cuales previamente han otorgado de manera voluntaria, sin mayor conocimiento de quién los está recibiendo o del uso que se les dará.

En tal sentido, la defensa de la protección de datos se ha constituido como una necesidad para los ciudadanos de los Estados contemporáneos y, para lograrlo, se les ha conceptualizado de distintos modos a lo largo de la historia jurídica en instrumentos de regulación internacional y nacional. Así, diferentes organismos se han encargado de generar mecanismos jurídicos que garanticen la protección de datos y, por medio de ellos, ha sido posible la incorporación de este derecho al marco jurídico mexicano.

A pesar de dichos logros, la protección de la información privada ha encontrado a su máximo garante en los derechos humanos o fundamentales, los cuales, al entenderse como inherentes e irrevocables, han hecho posible dicha protección, especialmente gracias a que se les ha concebido como derechos inalienables desde diferentes convenciones de organismos internacionales, lo cual, a su vez, permite que haya una mejor adaptación en la realidad normativa mexicana.

En consecuencia, el presente trabajo ofrece un recuento de los estatutos nacionales e internacionales que buscan proteger los datos personales de los ciudadanos, así como diversas consideraciones acerca de la particularidad en la regulación de la protección de datos de niñas, niños y adolescentes. De esta forma, por medio de su revisión, es posible encontrar la forma en que, desde el contexto internacional, se han implantado los principios de la protección de datos en la legislación mexicana.

II. ANTECEDENTES DE LA PROTECCIÓN DE DATOS PERSONALES

De acuerdo con algunos autores, los antecedentes más remotos de la protección de los datos se encuentran en la defensoría del derecho de las personas de proteger su privacidad e intimidad, el cual, a su vez, según diversos teóricos, se retrotrae al derecho anglosajón, o, por otro lado, es vinculado con el cristianismo, la Reforma, la Revolución Francesa o con la aparición de la clase burguesa.[2]

Aquellos académicos que defienden que la intimidad y la privacidad aparecen con el cristianismo y su idiosincrasia, basados en el Génesis de la Biblia, señalan que la conciencia que adquieren Adán y Eva acerca de su desnudez a causa de comer el fruto prohibido supone una referencia temprana del concepto de privacidad como valor,[3] de donde también se deduce que la territorialidad nace con el mismo ser humano en oposición a lo que acaece en la naturaleza.

Por otro lado, González Porras, por ejemplo, rescata algunos testimonios de la antigüedad grecolatina que documentan la conformación del concepto de la privacidad y, para empezar, reconoce que la estructura sociopolítica de los antiguos Estados griegos implicaba un compromiso directo y permanente de los ciudadanos con los asuntos comunes, impidiendo así el desarrollo de una existencia reservada. Además, rescata las ideas de Sócrates en torno al cuerpo y el alma, las cuales revelan un indicio de la intimidad al separar lo externo de lo interno.[4]

---

2 Andrés José González Porras, «Privacidad en internet: los derechos fundamentales de privacidad e intimidad en internet y su regulación jurídica. La vigilancia masiva», (tesis doctoral, Universidad de Castilla-La Mancha, 2016), consultado el 2 de septiembre, 2023, https://ruidera.uclm.es/server/api/core/bitstreams/1af7d594-8b66-47eb-ad51-ce368f0e25a5/content.

3 Milton R. Konvitz, «Privacy and the Law: A Philosophical Prelude», *Law and Contemporary Problems,* núm. 31, 1966, 272-80, consultado el 3 de septiembre, 2023, https://scholarship.law.duke.edu/lcp/vol31/iss2/3/

4 González, «Privacidad en internet».

De igual forma, el autor encuentra en Séneca, filósofo de la escuela estoica, un claro ejemplo en donde se revelan las tempranas concepciones de la intimidad y distingue en sus obras a dos clases de hombres: aquel que se encuentra totalmente entregado a los negocios, ocupaciones y asuntos del Estado, y aquel que prefiere retirarse y enfocarse en los estudios y la búsqueda de la sabiduría. De esta forma, Séneca es descrito como una figura predominante en la constitución de los conceptos tanto de la intimidad como de la privacidad.[5]

Asimismo, Pérez Luño sugiere que el derecho a la privacidad surge como una capacidad inherente de la clase burguesa, la cual, obviamente, se convierte en un beneficio reservado principalmente para las élites sociales —en especial, para las personas pertenecientes a la nobleza—, quienes contaban con los recursos para optar libremente por el aislamiento.[6]

De acuerdo con el autor, conforme los centros urbanos empiezan a ampliarse y aparecen nuevas formas de división del trabajo, se vuelve más preponderante la distinción entre dos grupos sociales: aquellos que cuentan con una vivienda propia y aquellos que habitan en su mismo lugar de trabajo, como fábricas o talleres. En este contexto, surge la necesidad de proteger un espacio en particular, cuya principal característica radica en que se le permite a las personas proteger su privacidad, es decir, se les brinda la oportunidad de estar a solas o con sus familias sin la intromisión de terceros. La importancia de este espacio aumenta en función de que la sociedad se desarrolla aún más y las personas buscan resguardar su intimidad en un contexto cada vez más complejo.[7]

---

[5] González, «Privacidad en internet».

[6] Antonio Enrique Pérez Luño, *Derechos humanos, estado de derecho y constitución,* (Madrid, Tecnos, 12ª edición, 2018).

[7] Pérez Luño, *Derechos humanos,*

Como lo advierte Pérez Luño, existe una diferencia entre la concepción de la privacidad como derecho y como concepto, aunque ambas parecen emerger junto con la conformación de la clase burguesa capitalista. El surgimiento del derecho a la intimidad se establece en el momento en que la clase burguesa aspira a obtener un beneficio que, hasta ese momento, solo la nobleza tenía: el poder aislarse. La propiedad desempeña una base fundamental al proporcionar las condiciones mínimas para permitir el aislamiento y, en consecuencia, la privacidad.

III. INCORPORACIÓN INTERNACIONAL DE LA PROTECCIÓN DE DATOS PERSONALES A LOS DERECHOS FUNDAMENTALES

Para alcanzar la inclusión de la protección de datos en los derechos fundamentales dentro del escenario internacional se recorrió un camino largo que va más allá de la mera inclusión de las TIC a la vida cotidiana. En este panorama, Thomas Cooley propuso el derecho a ser dejado en paz (*The right to be let alone*) y, por otro lado, se encuentran también las construcciones doctrinales elaboradas por Warren y Brandeis sobre el derecho a la privacidad (*The right to privacy*), el cual abogaba por preservar a las personas de las invasiones a los "sagrados límites" de la vida privada y doméstica.[8]

En esencia, las anteriores experiencias ofrecieron algunas de las bases para pensar la defensa de la vida privada. En este sentido, desde una perspectiva más completa, Alan Westin elaboró el concepto de "autodeterminación informativa", el cual sostiene que "la privacidad implica libertad

---

8 José Luis Piñar Mañas y Lina Ornelas Núñez, *La protección de datos personales en México.* (México, Tirant lo Blanch, 2013).

para elegir qué se desea comunicar, cuándo y a quién, manteniendo el control personal sobre la propia información".[9] Como se aprecia, su tesis gira en torno al derecho que poseen los individuos de tener libre atribución para controlar la información, en particular, con el pleno consentimiento y control para revelar sus datos particulares a terceros.

A la par de los aportes de Westin se encuentra el concepto de *habeas data,* el cual se refiere al "recurso procesal diseñado para controlar la información personal contenida en bancos de datos, cuyo derecho implica la corrección, la cancelación y la posibilidad de restringir y limitar la circulación de los mismos".[10] Por medio de este principio es posible que los ciudadanos tengan garantía de controlar la información que los terceros tienen de ellos.

De este modo, las anteriores consideraciones teóricas fueron paulatinamente traducidas a procedimientos normativos. Así, en Alemania, por ejemplo, para desarrollar su sentencia con respecto del Censo de 1983, el Tribunal Constitucional Federal Alemán declaró que el ejercicio de recogida, almacenamiento, utilización y difusión de datos personales era incompatible con la ley fundamental y, en su sentencia, dicho Tribunal puso por encima del interés gubernamental el ejercicio pleno de los derechos de los ciudadanos contenidos en los primeros siete artículos de la Ley Fundamental:[11] la Protección de la Dignidad Humana, la Libertad de Acción y de la Persona; la Igualdad ante la Ley; la Libertad de Creencia, de Conciencia y de Confesión; la

---

9 José Luis Piñar Mañas, «¿Existe privacidad? Protección de datos personales», *Compendio de lecturas y legislación,* (IFAI-H, Cámara de Diputados-ITAM, 2010), 15-55.

10 Marcia Muñoz de Alba-Medrano, «Habeas Data», *Estudios en homenaje a Marcía Muñoz de Alba Medrano. Estudios de derecho público y política,* (UNAM-IIJ, 2006), 1-21.

11 Muñoz de Alba, «Habeas Data».

Libertad de opinión, de Medios de Comunicación, Artística y Científica; el Matrimonio y la Familia; y el Sistema Escolar.

Hasta ese momento, la resolución del Tribunal Constitucional Federal Alemán sentó un gran precedente para el desarrollo del derecho a la autodeterminación, lo cual se convirtió en la piedra angular del derecho de la protección de datos personales, que tribunales de otros países pudieron tomar como modelo, como es el caso latinoamericano.[12]

Adicionalmente a la experiencia del tribunal alemán, desde los organismos supranacionales se ha apostado para que la protección de datos sea incorporada como un derecho fundamental,[13] partiendo del presupuesto de que, bajo su cobijo, el derecho de la protección a la información de los ciudadanos gozará de la máxima garantía para su cumplimentación, debido a que los Estados son los principales defensores de los derechos consagrados en las leyes fundamentales de sus respectivos andamiajes jurídicos.

Así, el derecho a la privacidad se incluyó en el artículo 12 de la Declaración de los Derechos Humanos, adoptada y proclamada por la Asamblea General de las Naciones Uni-

---

12 En la región latinoamericana, Colombia ha sido un importante referente para entender la implantación del principio de *habeas data* en sus principios normativos. Por medio de la Sentencia T-094/95, la Corte Constitucional colombiana ha considerado que los ciudadanos de este Estado tienen para conocer, actualizar y rectificar las informaciones que han sido procesadas en bases de datos. Véase: Muñoz de Alba, «Habeas Data», 1-21

13 En las discusiones teóricas al conceptualizar a los derechos humanos se ha abierto la discusión sobre su relación con los derechos fundamentales. Así, los primeros son entendidos como las garantías que toda persona posee de manera inalienable, mientras que los segundos son aquellos que se encuentran dentro de la ley máxima o fundamental de cada estado. En el caso mexicano, los derechos humanos forman parte de los derechos fundamentales; por ello, en el presente ensayo se le entenderán como sinónimos.

das en su resolución 217 A (III) del 10 de diciembre de 1948, de donde se puede leer que "Nadie será objeto de injerencias arbitrarias en su vida privada, su familia, su domicilio o su correspondencia, ni de ataques a su honra o a su reputación. Toda persona tiene derecho a la protección de la ley contra tales injerencias o ataques".[14]

Tal precepto buscó garantizar el derecho a la privacidad de las personas en diversas circunstancias y lugares, así como a ser protegidas contra situaciones que busquen intencionalmente dañar su reputación, a la vez que sugiere a los Estados el desarrollo de normatividades que defiendan a los ciudadanos contra dichos actos.

Adicionalmente, a través de otros instrumentos,[15] el derecho internacional ha buscado dotar a los sujetos de los derechos que los protegieran contra injerencias en la vida privada. De los instrumentos jurídicos creados tras la Declaración de los Derechos Humanos destaca la Resolución 509 de la Asamblea del Consejo de Europa sobre derechos humanos y

---

14 Agustín Millán Gómez, «Reconocimiento Normativo del Derecho a la Protección de los Datos Personales en el Ámbito Internacional», *Retos de la Protección de Datos Personales en el Sector Público,* (México, Instituto de Acceso a la Información Pública y Protección de Datos Personales del D. F, 2011), 19-48.

15 Dentro de los instrumentos internacionales cabe destacar el Convenio para la protección de los Derechos y las Libertades Fundamentales de 1950, el Pacto Internacional de Derechos Civiles y Políticos de 1966 y la Convención Americana de los Derechos Humanos de 1969. Otro instrumento internacional fundamental es el Convenio 108 del Consejo de Europa sobre la protección de datos personales cuyo propósito era garantizar a los ciudadanos de los Estados contratantes "el respeto de sus derechos y libertades, en particular, el derecho a la vida privada frente a los tratamientos de datos personales, conciliando el respeto a ese derecho y la libre circulación de la información entre los Estados". Lina Ornelas, y Sergio López Ayllón, *La recepción del derecho a la protección de datos en México; breve descripción de su origen y estatus legislativo,* (México, Tiro Corto Editores, 2010), 60.

nuevos logros científicos y técnicos, en 1968, la cual se enfocó en garantizar la protección de la intimidad de las personas con relación al avance de las TIC. Con este importante logro, la Carta de Derechos Fundamentales de la Unión Europea consagró como derecho fundamental la protección de datos personales, en cuyo artículo 8 se establece lo siguiente:

1. Toda persona tiene derecho a la protección de los datos de carácter personal que la conciernan.
2. Estos datos se tratarán de modo leal, para fines concretos y sobre la base del consentimiento de la persona afectada o en virtud de otro fundamento legítimo previsto por la ley. Toda persona tiene derecho a acceder a los datos recogidos que la conciernan y a su rectificación.
3. El respeto de estas normas quedará sujeto al control de una autoridad independiente.[16]

No obstante, a diferencia de Europa, en América Latina no se ha logrado una regulación regional, ya que no existe un precedente normativo que reglamente el derecho a la protección de datos personales y solo en Estados Unidos se cuenta con un referente.[17] Sin embargo, se concibieron los pronunciamientos de organismos internacionales como la

---

16 Lina Ornelas Núñez y Samanta Alcalde Urbina, *La Protección de Datos Personales de Menores en la Era Digital,* (México, InfoDF, 2014).

17 Con respecto de la legislación americana, el marco jurídico de los Estados Unidos garantizó el derecho de los ciudadanos a la privacidad al expedir la primera ley de carácter general denominada *Privacy Act.* Aunque estaba orientada al uso inadecuado de los datos personales por parte del gobierno, en su sección segunda esta ley consideraba que "la privacidad de un individuo era afectada directamente por la captación, conservación, uso y difusión de información personal por entes y órganos federales". Dicho precepto es un precedente importante al derecho del ciudadano a la protección de los datos personales, a través de la figura de la privacidad. Abel

Organización para la Cooperación y Desarrollo Económico (OCDE) que, a través del Comité de Política del Consumidor, inició en 1998 el desarrollo de una serie de lineamientos con el fin de proteger a los consumidores en el uso del comercio electrónico. Estos lineamientos representan "el primer instrumento en el ámbito supranacional que analiza a profundidad el derecho a la protección de datos de carácter personal".[18]

A pesar de la falta de regulación jurídica regional en América Latina, la salvaguarda de la protección de datos se garantiza por medio de la resolución 45/95 de la Asamblea General de las Naciones Unidas del 14 de diciembre de 1990, en la cual se encuentra la siguiente lista básica de ocho principios en materia de protección de datos personales en el ámbito de la aplicación internacional:[19]

1. Legalidad y lealtad
2. Exactitud
3. Especificación de la finalidad
4. Acceso de la persona interesada
5. No discriminación
6. Seguridad
7. Autoridad garante
8. Transferencias internacionales

En síntesis, desde la experiencia internacional, originalmente la protección de datos se pensó como un principio teórico que tiene como máximo referente el *habeas data.*

Téllez Aguilera, *La protección de datos en la Unión Europea, Divergencias normativas y anhelos unificadores,* (Edisofer, Madrid, 2002), 23.

18 Cámara de Diputados, *Gaceta Parlamentaria,* núm. 2345-I, año X, 20 de septiembre, 2007.

19 Ornelas, *La Protección de Datos Personales.*

Sin embargo, la incorporación de la protección de datos a los derechos fundamentales se ha logrado por medio de diferentes experiencias: primero, desde los tribunales constitucionales —como en el caso de Alemania— y segundo, se ha asegurado su salvaguarda por medio de instrumentos jurídicos ideados por organismos supranacionales como la Organización de las Naciones Unidas (ONU), el Consejo de Europa y la OCDE, por medio de los cuales se cuenta con estándares internacionales para que los Estados puedan asegurar que a los ciudadanos les sean defendidos sus derechos fundamentales, entre ellos, la protección de datos.

IV. LA PROTECCIÓN DE DATOS PERSONALES EN MÉXICO

En principio, los avances en el área del resguardo de datos personales en México son tan importantes como los realizados por la comunidad internacional para reconocer su protección como derechos fundamentales. En este sentido, destacan los artículos 6, 16 y 73 de la carta magna, por medio de los cuales ha sido posible pensar que la información privada de los ciudadanos sea resguardada por los órganos del Estado competentes.

En 2007, el Poder Legislativo mexicano reformó el artículo 6 constitucional para incorporar el derecho de la protección de datos personales de manera expresa en la norma máxima. Así, en el precepto constitucional se consagra que "la información que se refiere a la vida privada y los datos personales será protegida en los términos y con las excepciones que fijen las leyes",[20] con lo cual se garantiza la seguridad de la información de los particulares.

---

20 Constitución Política de los Estados Unidos Mexicanos, *DOF,* 24 de febrero de 2017.

No obstante, aunque su incorporación a la Constitución representa la elevación del rango y la garantía de la aplicación del derecho de protección de datos dentro del marco jurídico mexicano, algunos críticos señalan que pareciera que el legislador más bien buscaba "establecer [...] un límite constitucional al ejercicio del derecho de acceso a la información pública al imponer ciertas restricciones a las autoridades respecto al tratamiento de los datos personales".[21] Cabe precisar que, más que una crítica, las anteriores aseveraciones complementan las posibilidades de garantía jurídica que ofrece la carta magna, por medio de la cual el mandato constitucional puede garantizar el cumplimiento del derecho de la protección de datos, a la par de que implica límites a las instituciones públicas.

En este sentido, para 2009 se reformaron los artículos 16 y 73 de la Constitución Política de los Estados Unidos Mexicanos, los cuales robustecieron el marco legal de la protección de datos personales, ya que incluyeron, de modo explícito, el derecho de todas las personas a la salvaguarda de su información con una nueva dimensión. Por su parte, la reforma al artículo 16 retoma las recomendaciones de las convenciones internacionales ratificadas por México, en particular la del artículo 12 de la Declaración de los Derechos Humanos, al señalar que:

> Nadie puede ser molestado en su persona, familia, domicilio, papeles o posesiones, sino en virtud del mandamiento escrito de la autoridad competente, que funde y motive la causa legal del procedimiento. [...] Toda persona tiene derecho a la protección de sus datos personales, al acceso, rectificación y cancelación de los mismos, así como a manifestar su oposición, en los términos que fije la ley, la

---

21 María Solange Maqueo y Jimena Moreno González, «Implicaciones de una ley general en materia de protección de datos personales», *Documentos de Trabajo Estudios Jurídicos*, núm. 64, (2014), 1-24.

> cual establecerá los supuestos de excepción a los principios que rijan el tratamiento de datos, por razones de seguridad nacional, disposiciones de orden público, seguridad y salud públicas o para proteger los derechos de terceros.[22]

En esencia, el artículo 16 constitucional asegura que la privacidad de los ciudadanos sea respetada, lo que, en particular, posibilita que ellos puedan tener libertad de decidir sobre el manejo de sus datos personales ante los usos de terceros. Por su parte, la reforma al artículo 73 constitucional adicionó la fracción XXIX-Ñ para facultar al Congreso Federal para legislar en materia de protección de datos en posesión de los particulares.

En suma, la reforma de los artículos constitucionales 16 y 73 ha permitido que el resguardo de datos sea reconocido como un derecho fundamental y es gracias a esta incorporación en particular que es posible entender una salvaguarda mucho más amplia de la ley, al contemplar los derechos de acceso, rectificación, cancelación y oposición de los datos personales (denominados como leyes ARCO, por su acrónimo), al tiempo que se asegura que sea posible exigir los mencionados derechos no solo ante los órganos del Estado, sino incluso ante los particulares en posesión de datos personales. Así, la protección de datos, como derecho fundamental, asegura que los ciudadanos tengan preservadas mayores garantías en las diferentes actividades que implica el trabajo con la información personal.

En este sentido, de conformidad con el nuevo marco normativo fundamental, desde 2002, México cuenta con la Ley de Transparencia y Acceso a la Información Pública Gubernamental, la cual se desprende del artículo 6 cons-

---

[22] Constitución Política de los Estados Unidos Mexicanos, artículo 16, *DOF,* adicionado el 1 de junio, 2009.

titucional, cuyos objetivos principales persiguen garantizar "la protección de los datos personales en posesión de los sujetos obligados. La norma contemplaba los deberes de los sujetos obligados para recabar y tratar los datos personales en posesión de [dichos] sujetos".[23] Por medio de este instrumento, los ciudadanos cuentan con una garantía de que su información será resguardada por los particulares que los recaben.

Con relación al séptimo principio de la protección de datos de las Naciones Unidas, la Ley de Acceso a la Información Pública Gubernamental exige la creación de un órgano autónomo que garantice el cumplimiento de los derechos de acceso a la información, mientras que, a la par, lo faculte con la potestad de vigilar y hacer que se respete el derecho de protección de los datos personales. Para tal efecto, el gobierno federal creó el otrora Instituto Federal de Acceso a la Información (IFAI),[24] con el cual se buscaba cumplimentar las obligaciones establecidas por la Constitución de los Estados Unidos Mexicanos y por la Ley Federal de Acceso a la Información Pública Gubernamental.

De acuerdo con lo marcado por la ley, el IFAI era el encargado de conocer y resolver las solicitudes de acceso a la información, así como de aplicar los ordenamientos contenidos en la Ley de Transparencia. En este marco, para cumplir con lo dispuesto en materia de protección de datos personales, el IFAI publicó el 30 de septiembre de 2005, en el *Diario Oficial de la Federación*, los Lineamientos Protección de Datos Personales, los cuales establecieron las políticas ge-

---

23 Solange, «Implicaciones de una ley general», 1-24.

24 Actualmente, el IFAI ha sido modificado para ser el Instituto Nacional de Transparencia, Acceso a la Información y Protección de Datos Personales (INAI), gracias a las reformas a la Ley General de Transparencia aprobada en 2015.

nerales y procedimientos que deberán observar las dependencias y entidades de la Administración Pública Federal para garantizar a la persona la facultad de decisión sobre el uso y destino de sus datos personales, con el propósito de asegurar su adecuado tratamiento e impedir su transmisión ilícita y lesiva para lograr la preservación de la dignidad y los derechos del posible afectado.

Finalmente, el 23 de agosto de 2006, derivado de diversos lineamientos, el IFAI publicó las Recomendaciones sobre medidas de seguridad aplicables a los sistemas de datos personales, "con el objetivo de constituirse en propuestas y sugerencias específicas que le permitiera a la Administración Pública Federal lograr una eficaz protección de los datos personales contenidos en sus sistemas de datos de sus considerandos".[25]

Para el 5 de julio de 2010, el Congreso de la Unión expidió la Ley Federal de Protección de Datos Personales en Posesión de los Particulares (LFPDPPP), el cual, por medio de su artículo uno, regula el "tratamiento legítimo, controlado e informado, a efecto de garantizar la privacidad y el derecho a la autodeterminación informativa de las personas".[26] En esencia, esta ley implanta uno de los antecedentes internacionales más remotos de la protección de datos, así como el *habeas data*, debido a que asegura la autodeterminación de los ciudadanos sobre su información particular.

En concreto, a través de su artículo 22, la LFPDPPP reconoce el derecho de acceso, el cual se refiere a solicitar de forma explícita la autorización para ingresar a los registros privados con el propósito de determinar si existe o no in-

---

25 Ornelas, *La recepción del derecho,* 52.

26 «Ley Federal de Protección de Datos Personales en Posesión de los Particulares», *Diario Oficial de la Federación,* 5 de julio, 2010.

formación relacionada con el titular. Asimismo, el acceso también se utiliza para obtener un conocimiento preciso y completo en torno a qué datos personales se están utilizando, cuándo se proveyeron, el medio por el cual se proporcionaron y, en especial, si se están utilizado efectivamente con la finalidad para la cual se otorgaron.

De igual forma, cabe precisar que la norma indica que el responsable del archivo tiene la obligación de responder a la solicitud que ejerce el derecho de acceso, sin importar si en dicho archivo existen o no datos personales con relación a la persona que solicitó el trámite. Por su parte, el artículo 33 establece que la obligación de conceder el acceso a la información se considera cubierta cuando los datos personales están disponibles para el titular, ya sea por medio de copias, documentos electrónicos o cualquier otro soporte que el responsable haya determinado en el aviso de privacidad.

Por otro lado, la LFPDPPP contempla el derecho a la rectificación a través del artículo 24, en el cual se determina que el titular cuenta con la facultad de corregir sus datos en caso de que estos sean imprecisos o estén incompletos. Cabe enfatizar que el derecho a la rectificación se implementa en aquellas situaciones en donde los datos personales sean inexactos o estén incompletos, con la finalidad de que sea posible enmendar la situación y asegurar que la información personal esté actualizada y sea tratada de forma adecuada.

Por otra parte, el derecho de oposición se encuentra plasmado en el artículo 27 de la LFPDPPP, en el cual se apunta que el titular cuenta con la facultad, en cualquier momento y por razones legítimas, de objetar el tratamiento de sus datos. En caso de ser válido, el responsable no podrá proceder con el tratamiento de los datos relacionados con el titular. Este derecho puede ser ejercido en cualquier momento por el titular de los datos personales, siempre y cuando se presente una causa justificada y pertinente con el propósito de poner fin al procesamiento o uso de su información.

Cabe subrayar que la LFPDPPP también contempla el derecho a la cancelación, por medio de su artículo 25, en donde se determina que el titular posee la facultad de suprimir sus datos personales en cualquier momento. Este proceso conlleva un período de bloqueo tras el cual se procederá a la eliminación de la información correspondiente y, posteriormente se notificará al titular que se ha llevado a término su solicitud.

Además, dicho artículo señala que, en casos en los cuales los datos personales hayan sido compartidos con terceros antes de la fecha de cancelación y dichos actores continúen con el empleo de dicha información, la autoridad pertinente debe emprender las medidas adecuadas y oportunas para hacer del conocimiento de los entes involucrados la cancelación.

Cabe recalcar que la inclusión de los derechos ARCO en la LFPDPPP refleja el compromiso del Estado mexicano de garantizar la protección de los datos personales y los derechos de los individuos con relación a su información a través de los instrumentos jurídicos pertinentes. Además, los derechos ARCO brindan a los titulares las herramientas legales por medio de las cuales pueden controlar y gestionar su información.

Debemos resaltar que, en 2015, el IFAI cambió su nombre por INAI, además de que se modificaron también las atribuciones del órgano, pues se incorporaron nuevas funciones para que el Instituto sea capaz de recopilar información de diferentes autoridades públicas. En este sentido, los cambios se orientaron más a la transparencia de la información pública que a la protección de datos de los ciudadanos.

A manera de síntesis, la incorporación de la protección de datos a los derechos fundamentales ha sido una realidad gracias a las reformas constitucionales de los artículos 6, 16 y 73, pues, al elevarlos a ese nivel, se ha implicado una mejor salvaguarda de la información personal. En este sentido, en el caso mexicano, la anexión de este derecho a la carta magna ha implicado una serie de cambios en los órganos del Estado, como la creación de una autoridad garante, como lo es el actual INAI.

V. LA PROTECCIÓN DE DATOS DE NIÑAS, NIÑOS Y ADOLESCENTES EN EL ORDENAMIENTO INTERNACIONAL Y SU REFERENCIA EN MÉXICO

El tema de la protección de los datos personales de los menores tiene en la actualidad una mayor relevancia, debido a que confluyen distintos factores que los convierten en sujetos más vulnerables a la comisión de delitos, entre los que se encuentran su capacidad de entender y discernir sobre este derecho fundamental o el alto valor económico que puede llegar a tener su información personal para algunos sectores del mercado.[27]

Como se precisó, en los marcos jurídicos no se les ha destinado la misma importancia a todos los sujetos del derecho. El caso de las niñas, niños y adolescentes demanda regulaciones particulares y, ante la relevancia de esta cuestión, se ha creado una figura jurídica importante: el interés superior del niño. En el ámbito internacional, la consagración de dicho principio se encuentra en el artí-

---

[27] Odra Zúñiga Becerra, «Educación y prevención en materia de protección de datos personales de niños, niñas y adolescentes en Internet», *Estudios en Derecho a la Información*, vol. 1, núm. 5, (febrero, 2018), 59, DOI: https://doi.org/10.22201/iij.25940082e.2018.5.12122.

culo 3 de la Convención sobre los Derechos del Niño, el cual debe ser garantizado por los Estados que se han adherido y que han ratificado este instrumento internacional, en cuyo primer párrafo se puede leer: "En todas las medidas concernientes a los niños que tomen las instituciones públicas o privadas de bienestar social, los tribunales, las autoridades administrativas o los órganos legislativos, una consideración primordial a que se atenderá será el interés superior del niño".[28]

En primera instancia, dicho organismo supranacional sugiere que el principio superior del niño debe ser garantizado por las instituciones.[29] Si bien los infantes gozan de los derechos consagrados desde la Carta de las Naciones Unidas de 1945 y la Declaración de los Derechos del Niño de 1959, la materia de la protección de sus datos tiene su precedente en la Convención sobre los Derechos del Niño, en particular, en su artículo 16, el cual se refiere a la salvaguarda de la vida privada de los niños y las niñas, al establecer que:

1. Ningún niño será objeto de injerencias arbitrarias o ilegales en su vida privada, su familia, su domicilio o su correspondencia ni de ataques ilegales a su honra o su reputación
2. El niño tiene derecho a la protección de la ley contra esas injerencias o ataques.[30]

---

28 UNICEF, *Aplicación sobre la Convención de los Derechos del Niño*, 2004.

29 A la vez, el artículo 3 se refiere al interés superior del niño y amplía el ámbito de aplicación que "supera la esfera de acción del Estado, para incluir a los organismos privados y abarcar todas las medidas concernientes a los niños" (UNICEF, 42). Si bien la Convención obliga a los Estados que la han ratificado a legislar en la materia, establece que los padres son quienes tienen la responsabilidad primordial de la crianza y satisfacer las necesidades que permitan su sano desarrollo.

30 UNICEF, *Aplicación sobre la Convención*.

En suma, el artículo 16 de la Declaración ofrece un derecho a los niños, las niñas y los adolescentes para que su privacidad sea resguardada en contra injerencias ilegales o arbitrarias. Además, garantiza su aplicación sin discriminación y en cualquier contexto social, ya sea el de la familia o el de las instituciones públicas.[31]

Otro instrumento jurídico internacional de especial trascendencia es el Memorándum sobre la protección de datos personales y la vida privada en las redes sociales en Internet, en particular de niños, niñas y adolescentes, también conocido como Memorándum de Montevideo, el cual fue resultado del trabajo de instituciones públicas y privadas de distintos países de América para establecer un mecanismo que sirviera como guía para la integración de la protección de datos personales de los menores en la legislación nacional y para el cuidado de la información de menores en el sector empresarial.[32]

El Memorándum establece recomendaciones en cinco grandes sentidos, de los cuales se destacan: el marco legal para los Estados, la aplicación de las leyes por parte de los Estados y la materia de políticas públicas y para la industria. En ellas se subraya la necesidad de informar a los niños, niñas y adolescentes que el internet no es un espacio sin normas, así como de concientizarlos sobre la importancia de la protección a la privacidad, además de enfatizar la relevancia de contar con legislación y mecanismos que garanticen los derechos ARCO y sean accesibles a este sector, entre otras cosas.

---

31 UNICEF, *Aplicación sobre la Convención.*

32 «Memorandum sobre la protección de datos personales y la vida privada en las redes sociales en Internet, en particular de niños, niñas y adolescentes. Memorándum de Montevideo», marzo de 2010, consultado el 3 de septiembre, 2023, https://www.flacsoandes.edu.ec/sites/default/files/agora/files/1287501488.memorandum_de_montevideo.pdf

En este mismo tenor se puede realizar una comparativa con legislaciones de otros países que permitan tener un panorama más amplio del tratamiento de estas garantías. En España, por ejemplo, la protección de datos personales está a cargo de la Agencia Española de Protección de Datos, a quien se ha encomendado formular y difundir guías de apoyo para niños, jóvenes, padres y profesores con la finalidad de concientizarlos sobre la importancia de proteger la privacidad en internet, en concreto con campañas como el "Tú decides en Internet".[33]

Por otro lado, en Colombia se ha avanzado de forma importante en este tema, en el sentido de que la legislación actual coloca a los datos de niños, niñas y adolescentes en una categoría especial, dotándolos de un carácter prevalente y de una mayor protección. La Ley Estatutaria 1581 de 2012 indica, en su artículo 7, que el tratamiento de los datos personales en general deberá asegurar siempre el respeto de los derechos prevalentes de los niños niñas y adolescentes, y queda proscrito el tratamiento de dichos datos, salvo aquellos que sean de naturaleza pública. Adicionalmente, indica que es obligación del Estado y de sus entidades educativas proveer información sobre los eventuales riesgos que enfrentan los menores con respecto al uso indebido de su información personal.[34]

De igual forma, en México los datos personales en niños, niñas y adolescentes están protegidos con la reforma, en 2011, del artículo 4 de la carta magna, párrafos sexto y séptimo, al igual que la fracción XXIX-P del artículo 73. Con

---

33 Zúñiga, «Educación y prevención».

34 «Ley Estatutaria 1581 de 2012», El Congreso de Colombia, 17 de octubre, 2012, https://esdegue.edu.co/sites/default/files/Normatividad/LEY%20TRATAMIENTO%20DE%20DATOS%20-%20LEY%201581%20DE%202012.pdf

estos cambios, el interés superior y los derechos de la niñez se elevaron a rango constitucional, lo cual ha facultado al Congreso para legislar para los mencionados sujetos del derecho.

Asimismo, se expidió la Ley para la Protección de los Derechos de Niñas, Niños y Adolescentes, en cuyo artículo 1 se hace explícito que "tiene por objeto garantizar a niñas, niños y adolescentes la tutela y el respeto de los derechos fundamentales reconocidos en la Constitución".[35] En el artículo 3, inciso A, se condiciona la aplicación de los derechos al interés superior de la infancia, con el cual queda garantizado su cumplimiento en todos los ámbitos de convivencia de la niñez. Por otro lado, el artículo 40 de la Ley para la Protección de los Derechos de Niñas, Niños y Adolescentes les asegura el acceso a la información e igualmente menciona que se "pondrá énfasis en medidas que los protejan de peligros que puedan afectar su vida, su salud o su desarrollo". [36]

Pese a dichos avances, no es sino hasta diciembre de 2014, con la promulgación de la Nueva Ley General de los Derechos de Niñas, Niños y Adolescentes, que, de manera explícita, se hace frente al derecho a la protección de datos personales de Niñas, Niños y Adolescentes, al agregar el capítulo décimo séptimo, dedicado al Derecho a la Intimidad, así como otros seis artículos, es decir, del 76 a 81. De modo particular, el artículo 76 retoma el artículo 16 de la Declaración de los Derechos Humanos al afirmar que:

> no podrán ser objeto de injerencias arbitrarias o ilegales en su vida privada, su familia, su domicilio o su correspondencia [y, agrega,] tampoco de divulgaciones o difusiones ilícitas de información o datos personales, incluyendo aquélla

---

35 «Ley Federal para la Protección de los Derechos de Niñas, Niños y Adolescentes», *Diario Oficial de la Federación,* 19 de agosto, 2010.

36 «Ley Federal para la Protección de los Derechos de Niñas, Niños y Adolescentes».

que tenga carácter informativo a la opinión pública o de noticia que permita identificarlos y que atenten contra su honra, imagen o reputación.

Como conclusión podemos discernir que es por medio de un apartado particular a través del Derecho a la Intimidad en la Ley General de los Derechos de Niñas, Niños y Adolescentes que el Estado mexicano puede garantizar la protección de datos personales de niñas, niños y adolescentes, los cuales, asimismo, fueron retomados de los preceptos de organismos supranacionales.

VI. BIBLIOGRAFÍA

Cámara de Diputados, *Gaceta Parlamentaria,* núm. 2345-I, año X, 20 de septiembre, 2007.

Castells, Manuel, *La sociedad red,* México: Siglo Veintiuno Editores, 1ª ed., 1999.

Constitución Política de los Estados Unidos Mexicanos, *DOF,* 1 de junio, 2009.

González Porras, Andrés José, «Privacidad en internet: los derechos fundamentales de privacidad e intimidad en internet y su regulación jurídica. La vigilancia masiva», tesis doctoral, Universidad de Castilla-La Mancha, 2016, consultado el 2 de septiembre, 2023, https://ruidera.uclm.es/server/api/core/bitstreams/1af7d594-8b66-47eb-ad51-ce368f0e25a5/content.

Konvitz, Milton R., «Privacy and the Law: A Philosophical Prelude», *Law and Contemporary Problems,* núm. 31, 1966, consultado el 3 de septiembre, 2023, https://scholarship.law.duke.edu/lcp/vol31/iss2/3/

«Ley Estatutaria 1581 de 2012», El Congreso de Colombia, 17 de octubre, 2012, https://esdegue.edu.co/sites/default/files/Normatividad/LEY%20TRATAMIENTO%20DE%20DATOS%20-%20LEY%201581%20DE%202012.pdf

«Ley Federal de Protección de Datos Personales en Posesión de los Particulares», *Diario Oficial de la Federación,* 5 de julio, 2010.

«Ley Federal para la Protección de los Derechos de Niñas, Niños y Adolescentes», *Diario Oficial de la Federación,* 19 de agosto, 2010.

«Memorándum sobre la protección de datos personales y la vida privada en las redes sociales en Internet, en particular de niños, niñas y adolescentes. Memorándum de Montevideo», marzo, 2010, consultado el 3 de septiembre, 2023, https://www.flacsoandes.edu.ec/sites/default/files/agora/files/1287501488.memorandum_de_montevideo.pdf

Millán Gómez, Agustín, «Reconocimiento Normativo del Derecho a la Protección de los Datos Personales en el Ámbito Internacional», *Retos de la Protección de Datos Personales en el Sector Público,* México: Instituto de Acceso a la Información Pública y Protección de Datos Personales del D. F., 2011.

Muñoz de Alba-Medrano, Marcia, «Habeas Data», *Estudios en homenaje a Marcía Muñoz de Alba Medrano. Estudios de derecho público y política,* UNAM-IIJ, 2006.

Ornelas Núñez, Lina y Samanta Alcalde Urbina, *La Protección de Datos Personales de Menores en la Era Digital,* México: InfoDF, 2014.

Ornelas Núñez, Lina y Sergio López Ayllón, *La recepción del derecho a la protección de datos en México. Breve descripción de su origen y estatus legislativo,* México: Tiro Corto Editores, 2010.

Pérez Luño, Antonio Enrique, *Derechos humanos, estado de derecho y constitución.* Madrid: Tecnos, 12ª edición, 2018.

Piñar Mañas, José Luis, «¿Existe privacidad? Protección de datos personales», *Compendio de lecturas y legislación,* México: IFAI-H, Cámara de Diputados-ITAM, 2010.

Piñar Mañas, José Luis y Lina Ornelas Núñez, *La protección de datos personales en México,* México: Tirant lo Blanch, 2013.

Téllez Aguilera, Abel, *La protección de datos en la Unión Europea. Divergencias normativas y anhelos unificadores,* Madrid: Edisofer, 2002.

Solange Maqueo, María y Jimena Moreno González, «Implicaciones de una ley general en materia de protección de datos personales», *Documentos de Trabajo Estudios Jurídicos,* núm. 64, 2014.

UNICEF, *Aplicación sobre la Convención de los Derechos del Niño,* 2004.

Zúñiga Becerra, Odra, «Educación y prevención en materia de protección de datos personales de niños, niñas y adolescentes en Internet», *Estudios en Derecho a la Información,* vol. 1, núm. 5, febrero, 2018, DOI: https://doi.org/10.22201/iij.25940082e.2018.5.12122.

LA ACTIVIDAD JURISDICCIONAL EN TIEMPOS DE LAS REDES SOCIALES: REFLEXIONES PARA LAS BUENAS PRÁCTICAS JUDICIALES EN EL MUNDO DIGITAL

Walter M. Arellano Torres*

SUMARIO: I. INTRODUCCIÓN. II. EL PROTAGONISMO DE LAS REDES SOCIALES EN NUESTRO CONTEXTO. III. UNA NUEVA VARIABLE EN EL MUNDO JUDICIAL: LAS REDES SOCIALES. IV. PROPUESTA DE DECÁLOGO DEONTOLÓGICO PARA EL USO DE REDES SOCIALES POR PARTE DE PERSONAS JUZGADORAS. V. REFLEXIÓN FINAL. VI. BIBLIOGRAFÍA.

"En el pasado eras lo que tenías, ahora eres lo que compartes"
—Godfried Bogaard.

* Licenciado en derecho, ciencias de la comunicación, psicología y filosofía, maestro y doctor en derecho, candidato a doctor en Estudios del Desarrollo por la Universidad Autónoma de Zacatecas y candidato a doctor en educación por la Universidad Intercultural. Profesor de la Facultad de Derecho de la Universidad Nacional Autónoma de México (UNAM), autor de obras jurídicas y conferencista a nivel nacional e internacional. www.waltermarellano.com

I. INTRODUCCIÓN

El presente ensayo surgió gracias a la generosa invitación que me hicieron por un lado, mi querido maestro, amigo y colega, el Doctor Juan Carlos Abreu y Abreu (Director del Centro de Investigaciones Judiciales de la Escuela de la Judicial del Estado de México) y, por otro, mi también amigo y colega, el maestro Rafael Caballero Hernández (Subdirector de Investigación del Centro de Investigaciones Judiciales), para participar en el "Seminario de derecho y política 2023: jurisdicción y redes sociales".

Quiero reconocer que esta iniciativa académica responde a las necesidades e inquietudes contemporáneas de las y los impartidores de justicia, lo cual habla del profesionalismo e interés de quienes están al frente del Centro de Investigaciones Judiciales de la Escuela Judicial del Estado de México para el diseño de cursos de actualización que no solo sean de interés teórico, sino que también tengan una utilidad tangible e impacto social en la judicatura con temas coyunturales y de vanguardia.

Una de las características más notables de nuestro contexto es la presencia del internet y la acelerada evolución tecnológica, cuyo aprovechamiento es visible en el desarrollo de las comunicaciones, como es el caso de las redes sociales.

Idealmente, dichas redes tienen como finalidad facilitar el intercambio de ideas por medio de la creación de contenidos, conectar a distintas personas —conocidas o no— y propiciar su interacción, así como informar acerca de acontecimientos de actualidad, divulgar y difundir el conocimiento, denunciar y promover el activismo, y, por supuesto, el entretenimiento, la publicidad y el comercio, entre otros aspectos.

Sin embargo, como toda herramienta, las redes sociales pueden usarse con fines opuestos para los cuales fueron creadas, es decir, para la comisión de conductas moralmente inaceptables o jurídicamente sancionables como es el caso del daño moral, la compra-venta de artículos prohibidos, la trata de personas, la discriminación, el fraude o la manipulación mediática por medio de las noticias falsas, por mencionar sólo algunas.

El empleo de las redes sociales presupone —hipotéticamente— que sus usuarios conocen las ventajas, el buen uso, los límites y restricciones, y, por supuesto, las posibles consecuencias del mal empleo que pudieran llegar a tener, en gran medida porque, para formar parte de ellas aceptan las condiciones del servicio, las políticas de datos y las *cookies*, aunque, según datos del periódico *El País*, más de 90% de ellos no las leen.[1]

La situación se agrava cuando las personas que signan los términos y condiciones del servicio tienen una responsabilidad social, moral o jurídica en una sociedad en concreto. Tal es el caso de artistas, políticos, líderes de opinión, académicos de gran prestigio, *influencers* y otros personajes públicos locales, nacionales e internacionales, sobre quienes pesa la constate vigilancia —casi *orwelliana*— de sus opiniones y acciones realizadas en estos y otros medios.

Este es el caso de los juzgadores de diferentes niveles que tienen un protagonismo en los grupos sociales, por lo cual, socialmente, recae sobre ellos una expectativa, por no decir demanda, en torno a su buena conducta que les exige ser personas honorables, moderadas, prudentes y responsables, no solo

---

[1] Juanjo Galán, «El oxímoron de la privacidad en las redes sociales», *El País*, 6 de septiembre, 2019, consultado el 2 de septiembre, 2023, https://elpais.com/rGalán,%20Juanjo,%20"El%20ox%C3%ADmaron%20de%20la%20privacidad%20en%20las%20redes%20socialesetina/2019/09/05/tendencias/1567673377_278104.html

en el ámbito de lo público, sino también en lo privado, lo cual es derivado de las obligaciones que emanan de su investidura.

En ese orden de ideas, consideramos que es necesario analizar el papel que tienen las redes sociales en este momento, así como, su impacto en las labores jurisdiccionales y su relación con la sociedad.

Hablar de redes sociales, deontología y judicatura necesariamente conlleva problematizar dos nociones: la libertad y la responsabilidad. A lo largo de este ensayo académico haremos una revisión acerca de la libertad que tienen los juzgadores de interactuar en las redes sociales, pero también los límites que se deben fincar desde el enfoque deontológico, ético y jurídico.

En este sentido, la primera idea sobre la cual partimos es que, como bien señala Sánchez-Cordero Grossman, "los miembros del Poder Judicial tienen derecho a expresar sus opiniones fuera del ámbito jurisdiccional. La judicatura es una profesión, y no una cárcel o un claustro".[2]

De ninguna manera pretendemos partir de una presunta superioridad moral de la academia para señalar las responsabilidades de los colegas que ejercen la judicatura en el mundo digital. Estamos plenamente conscientes que, como bien sostiene Mark Platts, es más agradable hablar de libertades que de responsabilidades, salvo que estas últimas sean de otros, en cuyo supuesto se evidencia la intención de señalar con una altura moral jerárquicamente mayor.[3]

---

2 Jorge Emilio Sánchez-Cordero Grossmann, «Los jueces en las redes sociales y su vinculación con la ciudadanía», *Ciudadanía, interculturalidad y redes sociales,* coord. Jorge Sánchez Morales, (México: Tirant lo Blanch, 2020), 121.

3 Cfr. Mark Platts, «Introducción: responsabilidades», *Responsabilidad y libertad,* comp. Olbeth Hansberg y Mark Platt, (México: Fondo de Cultura Económica, 2022), 13.

De esta forma, la única intención es proponer algunas directrices para la buena comunicación de los jueces en el mundo del internet, sin quitar el dedo del renglón de que "la libertad es afirmación y expresión de la voluntad humana, clara y ostensible",[4] y que la investidura judicial no la limita, pero sí exige un uso moderado, responsable y cuidadoso de ellas.

Derivado de este panorama, la presente investigación se divide entonces en tres partes: en la primera problematizamos el protagonismo de las redes sociales en nuestros tiempos; en la segunda damos cuenta de la influencia de dichas redes en el mundo judicial y, de manera concreta, en el jurisdiccional; y, finalmente, en la tercera presentamos una propuesta de decálogo para el uso de redes sociales por parte de personas juzgadoras.

Reconocemos con humildad que hay mucho que decir en torno al tema que nos ocupa y lo que a continuación se leerá es una propuesta que, por supuesto, está abierta a debate y a discusión, por lo cual esperamos los comentarios, críticas y sugerencias con humildad.

II. EL PROTAGONISMO DE LAS REDES SOCIALES EN NUESTRO CONTEXTO

No cabe duda que las redes sociales han cobrado un papel protagónico en el mundo contemporáneo, a tal grado que, difícilmente, podríamos entender nuestro entorno sin ellas. Esta notoriedad se puede demostrar cuantitativamente con las cifras de instituciones nacionales que se encargan de registrar datos acerca del consumo del internet.

---

4 Ángel Martínez Pineda, *Ética y axiología jurídica*, (México: Porrúa, 2ª ed., 2006), 22.

De acuerdo con el comunicado de prensa número 367/23 signado por el Instituto Federal de Telecomunicaciones (IFT) de manera conjunta con el Instituto Nacional de Estadística y Geografía (INEGI), en el año 2022 se calcularon 93.1 millones de personas usuarias de internet en México, lo que se traduce en un 78.6% de la población de 6 años o más.[5] De acuerdo con un informe similar, pero del año 2022, el uso de redes sociales abarcó 89.8% de los usuarios.[6]

De los datos referidos, podemos interpretar que el empleo de las redes es frecuente y notorio en la sociedad mexicana, por lo cual resulta importante y necesario examinar los fenómenos que de ellas emanan, sin dejar de lado el ánimo crítico-propositivo para lograr su buen funcionamiento y su provecho social.

II.1. La construcción de narrativas en redes: el peligro de la "posverdad" y el conflicto narrativo-judicial

Como consecuencia de la popularidad de las redes sociales podemos detectar la influencia de intereses comerciales, sociales, científicos y jurídicos, pero, sobre todo, políticos en el entorno digital. Las redes sociales, poco a poco, se han transformado en una "plaza digital" donde todos y todas tenemos un espacio que parece público, pero en realidad es privado y en el que, paradójicamente, nuestra vida privada se pretende transformar en pública.

---

5 Instituto Nacional de Estadística y Geografía e Instituto Federal de Telecomunicaciones, «Encuesta nacional sobre disponibilidad y uso de tecnología de la información en los hogares 2022», México, 19 de junio, 2023, consultado el 2 de septiembre, 2023, https://www.inegi.org.mx/contenidos/saladeprensa/boletines/2023/ENDUTIH/ENDUTIH_22.pdf

6 INEGI-IFT, «Encuesta nacional sobre disponibilidad».

La "meta-realidad" que nos ofrece el mundo digital y, de manera concreta, las redes sociales, no se puede separar de lo vivido en el mundo físico. No se equivoca Rogelio del Prado Flores cuando afirma que "lo virtual tiene efectos de realidad, la modifica; se mueve en los dos mundos, con efectos dispares, no en la misma simetría".[7]

La disparidad de la que habla Del Prado se puede ejemplificar de muchas maneras, una de las cuales es la creación de narrativas digitales, particularmente aquellas que buscan posicionar un discurso por medio de noticias falsas con la finalidad de generar un clima de "posverdad", entendida como una mentira que puede asumirse como verdadera, derivada de una tergiversación dolosa de los hechos en aras de manipular masivamente a la opinión pública o a un sector concreto de la población.

La creación de narrativas digitales con miras a posicionar discursos de posverdad no solo tiene afectaciones en el plano de lo político, sino también en el ámbito de lo jurídico. Pensemos en un acontecimiento hipotético donde en un caso penal una persona acusada de homicidio logra generar un movimiento en las redes sociales por medio del cual, apelando a la emotividad, la mentira y pruebas fraudulentas para captar el apoyo moral de las masas, busca generar un clímax de presión en contra de las personas que lo juzgarán e influir así en su criterio.

Tristemente, el caso hipotético que se plantea es, en nuestro contexto, una estrategia meta-judicial de presión en contra de los órganos jurisdiccionales que poco a poco gana más terreno e, incluso, pareciera ser que estas prácti-

---

[7] Rogelio Del Prado Flores, «Humanismo y las hipermediaciones», *Ética y redes sociales*, coord. Rogelio Del Prado Flores, (México: Tirant lo Blanch-Universidad Anáhuac, 2014), 64.

cas activan de manera más eficiente el actuar institucional de fiscalías y algunos centros de impartición de justicia, lo cual es inaceptable, pues pensar que la presión mediática es el conducto para que las instituciones hagan su trabajo es inadmisible.

No perdamos de vista que, desde un enfoque epistemológico "narrativista", el derecho tiene una fuerte esencia descriptiva para poder comprenderlo y materializarlo, como se constata en la siguiente transcripción del pensamiento de José Calvo: "la teoría *narrativista* del derecho sostiene que el derecho posee naturaleza y propiedades narrativas. Este postulado dilata en toda su dimensión filosófica-jurídica al defender la justicia (y el derecho) como relato civilizatorio".[8]

En este tenor, asumir que para entender el discurso del derecho es necesario visibilizar las narrativas con las cuales se justifica, posiciona y legitima es de gran importancia para sobreponerlas frente a otros discursos comunicacionales como los que surgen de las redes sociales que buscan, de alguna manera, usurpar la funcionalidad del derecho respecto al control social e, incluso, la impartición de justicia.

La facilidad y rapidez con la que se crea la posverdad en las redes sociales compite frente a la complejidad y lentitud que tienen muchas instituciones al momento de conocer los problemas sociales, los juzgados y tribunales no son la excepción. Para garantizar la legitimidad y funcionalidad del derecho frente a otras manifestaciones narrativas y discursivas es menester que el acceso a la justicia cumpla efectivamente esta tarea con imparcialidad, independencia, objetividad y profesionalismo.

---

8 José Calvo González, «Por una teoría narrativista del derecho», *Derecho y literatura. Persiana americana*, coords. Rafael Caballero y Manuel de J. Jiménez, (México: Poder Judicial del Estado de México-Tirant Lo Blanch, 2022), 30.

La mejor forma de combatir la manipulación, los ataques institucionales y las noticias falsas en contra de los órganos jurisdiccionales es por medio de la fuerza de la credibilidad, la cual solo se puede obtener por medio de un Poder Judicial sólido, conformado por operadores jurídicos con un alto sentido ético, una formación intachable y una rectitud incuestionable, así como, también, con el respaldo de un área disciplinante (Consejo de la Judicatura) que cumpla las mismas virtudes y que verdaderamente proteja el criterio justificado, honesto y sistematizado de las y los juzgadores y, al mismo tiempo, sancione sus malas prácticas.

Indubitablemente también existe el deber gubernamental de educar a la ciudadanía para evitar que forme parte activa o pasiva en la generación y difusión de las noticias falsas, de posverdades y de la manipulación mediática. El combate a todas estas prácticas sería estéril si no se vincula al Estado o sin la educación de la población en este tópico.

La falta de credibilidad en las instituciones es la tierra fértil para el escepticismo y "sospechosismo" social, lo que indudablemente abre la puerta a la construcción de narrativas meta-judiciales que pretenden usurpar o manipular las labores jurisdiccionales.

No podemos negar que un porcentaje elevado de la sociedad contemporánea vive en "el privilegio de lo inmediato": ahora es fácil obtener datos de manera rápida, comprar productos que estarán en la puerta de nuestro hogar al día siguiente, enviar un correo o mensaje en segundos, ser beneficiario de un servicio o contactar a una persona a una velocidad que, en otros tiempos, hubiera sido inimaginable, como lo sostiene Jorge Alberto Hidalgo:

> La disciplina impuesta entre el mundo del entretenimiento y *My social media generation* nos recuerda mucho el entorno deshumanizado planteado por Aldous Huxley en *Un mundo feliz*: no esfuerzo (todo a la mano), no amor (simples rela-

ciones y conexiones), no experimentar el dolor (la nación Prozac y la felicidad de farmacia), no afrontar las difíciles elecciones morales (la ética *light* y el *zapping* axiológico producto del relativismo moral).[9]

En este sentido, la disciplina de "lo instantáneo" también impacta en la idea del sentido de justicia de las personas, pues, acostumbradas a lo inmediato, olvidan que la impartición de justicia no puede ser tan veloz como otras interacciones sociales. La labor de juzgar implica un estudio normativo serio, una revisión y una valoración probatoria, un proceso de redacción de alta complejidad y, por supuesto, en algunos casos, la problematización filosófica, interpretativa y argumentativa acerca de "lo justo" que rompe con la lógica del dinamismo social contemporáneo.

Cuando hay asuntos mediáticos que se ventilan en las redes sociales suele generarse la falsa creencia que todos y todas tienen la capacidad de resolver fácilmente cualquier asunto, incluso sin tener el capital cultural para hacerlo, lo que se puede constatar en las respuestas simplistas que se publican en los comentarios de las notas periodísticas respecto a ciertas cuestiones mediáticas, donde las personas vituperan ocurrencias que pretenden pasar como "opiniones jurídicas" que dan supuestas soluciones —sin sentido jurídico— a esos casos.

En este aspecto, es menester fortalecer a los centros de impartición de justicia y la envestidura de las personas juzgadoras a fin de blindarlas de las narrativas artificiales construidas en redes sociales, las cuales, en muchos casos, buscan posicionar un clima de posverdad y presión judicial que desvirtúe su actuar.

---

9 Jorge Alberto Hidalgo Toledo, «Ética posmodernidad y cultura», *Ética y redes sociales,* coord. Rogelio Del Prado Flores, (México: Tirant lo Blanch-Universidad Anáhuac, 2014), 108.

II.2. Redes sociales: ¿el nuevo Tribunal del Santo Oficio de la Inquisición?

Durante la Edad Media, La Santa Inquisición se caracterizó por la creación de un tribunal creado por la Iglesia Católica, cuya máxima finalidad era mantener el control de la sociedad desde un enfoque político-religioso; en otras palabras, se instauró para detectar, perseguir y sancionar a todo aquel que fuera señalado como hereje, aunque no hubiera pruebas contundentes o, al menos, dudas razonables para ello, sino que bastaba un simple señalamiento para ser castigado.[10]

Si bien es cierto que las torturas físicas han sido proscritas y ya no existe la Santa Inquisición, gran parte de los señalamientos y denuncias que diariamente se lanzan de forma irresponsable en las redes sociales para evidenciar supuestas malas conductas de personas se asemejan a una especie de tortura psíquica, derivada del hecho de que cualquiera puede ser acusado de cualquier cosa —sin mediar prueba alguna— y volverse viral, sin siquiera tener derecho de réplica, todo con total impunidad.

Desgraciadamente para las personas que son "apedreadas" moralmente (o, en términos populares, "funadas"), las noticias falsas llegan a más ojos que aquellas que pretenden desmentirlas. Asimismo, la exhibición pública de diferentes denuncias llega a tener como consecuencia "la cancelación", la cual es una especie de exclusión social de estas redes que, tratándose de un servidor público, por ejemplo, resulta en la petición popular de su renuncia o, en el caso de un empresario, la invitación a sabotear su negocio, así como con un académico o investigador, a quien se le exige

---

10 Véase: José Ignacio De la Torre Rodríguez, *Breve historia de la Inquisición,* (Madrid: Nowtilus, 2014).

ser expulsado de la academia y se hace un llamado a no leer su obra, por mencionar algunos ejemplos.

En esta tesitura, sin importar que estas denuncias sean falsas o verdaderas, "la funación" y "la cancelación" son muestras de un "linchamiento mediático" o de la justicia por propia mano que tienen graves afectaciones y daño moral, las cuales se asemejan a las torturas derivadas de las resoluciones poco racionales de los Tribunales de la Santa Inquisición.

En este aspecto, la única manera de defenderse frente a estos lamentables ataques es la demanda por daño moral, la cual se complica porque, en ocasiones, no se puede determinar la génesis del ataque difamatorio, debido a que generalmente proviene de cuentas anónimas. Pareciera que las redes sociales pasaron de ser un espacio de "libertad" y "democratización mediática" a una zona de libertinaje, donde cualquiera cree tener el derecho de opinar, juzgar, señalar o atentar contra la dignidad del otro o cuestionar la labor de las instituciones y sus operadores sin la necesidad de probar, justificar o siquiera ser fiel a la verdad.

Es menester romper la tendencia anárquica de las redes sociales. No se trata de reprimir o censurar la libertad de expresión, sino de regularla, por lo cual consideramos que es improrrogable replantear el debate acerca del delito de calumnia y difamación que en nuestro país inició a nivel federal y estatal en el año de 2007, derivado de recomendaciones hechas por el Comité de Derechos Humanos de las Naciones Unidas y la Comisión Nacional de Derechos Humanos (CNDH).

En este tenor, no pasa inadvertido que, en el año 2007, no existían las condiciones digitales, el dinamismo y el protagonismo de las redes sociales que hay el día de hoy —16 años después—. En realidad, las razones que motivaron la proscripción de la calumnia y la difamación en los códigos penales nacionales fue que dichas prácticas fueron utilizadas como una herramienta para coartar la libertad de expresión de los periodistas que investigaban a los políticos.

Resulta importante aclarar que no se niega que, cuando se trata de críticas justificadas a personas e instituciones públicas, no hablamos de "funa" o "cancelación", sino de un mecanismo de resistencia o de un ejercicio de libertad de expresión y cuestionamiento legítimo que se pone a discusión para la opinión pública y es de interés generalizado. Por esta razón, la gran diferencia radica entre "lo público" y "lo privado", de lo cual hablaremos ulteriormente.

Por otro lado, no se puede permitir que el control de redes sociales quede solo en manos de particulares, especialmente de sus dueños y administradores, pues el empoderamiento de estos sujetos presupone un fortalecimiento desmedido que puede culminar en que se transformen en los "jueces de la libertad de expresión" bajo sus propios criterios, consideraciones e intereses, como, por ejemplo, cuando la red social "Twitter" (ahora "X") suspendió de forma permanente la cuenta del entonces presidente de Estados Unidos de América, Donald Trump, "debido al riesgo de mayor incitación a la violencia", justo un día antes de dejar su cargo.[11]

De esta forma, consideramos que, si bien fue muy cuestionable la actitud del expresidente, no es razón suficiente para que una red social sea quien determine los riesgos o quien dictamine si la invitación de Trump fue "una incitación a la violencia" como justificante para cancelar su cuen-

---

11 Véase: Redacción, «Twitter suspende a Trump permanentemente por el riesgo de mayor incitación a la violencia», *BBC News Mundo*, 8 de enero, 2021, consultado el 4 de septiembre, 2023, https://www.bbc.com/mundo/55597855

ta, particularmente, tratándose de un momento político neurálgico, pues, para ello justamente hay autoridades que se encargan de salvaguardar y proteger estos derechos y, de ninguna manera, deben ser particulares los que decidan.

El empoderamiento de los dueños de las principales redes sociales los convierte, automáticamente, en factores reales de poder con la capacidad de incidir y tomar parte en la opinión pública, como fue el caso lamentable de Cambridge Analytica en el que se descubrió la incidencia ilegítima y manipuladora de Facebook en la opinión pública y, particularmente, en la propaganda a favor de la campaña presidencial del entonces candidato Donald Trump.[12]

En este marco, resulta inadmisible que se permita a los dueños de las redes sociales asumir un rol de cuasi-juzgadores y ser capaces de determinar cuándo se transgrede la libertad de expresión y cuándo no. Si bien es cierto que es necesaria la existencia de normas básicas de convivencia en estas latitudes, no hay razones para pensar que se permitan campañas de "funación" y "cancelación" que generen daño moral, o para que se abra la puerta para la presión ilegítima contra las personas juzgadoras.

Como consecuencia, es improrrogable una regulación seria de las redes sociales que frene la cultura de "la cancelación" y el "funeo", pero también es menester poner un alto al empoderamiento desmedido de los magnates que están detrás de ellas o, de lo contrario, corremos el riesgo de vivir en un espacio sin ley, en el que el derecho pierde terreno y se convierte en algo parecido a un "Santo Tribunal de las redes sociales",

---

12 Véase: Redacción, «5 claves para entender el escándalo de Cambridge Analytica que hizo que Facebook perdiera US$37.000 millones en un día», *BBC News Mundo,* 20 de marzo, 2018, consultado el 4 de septiembre, 2023, https://www.bbc.com/mundo/noticias-43472797

III. UNA NUEVA VARIABLE EN EL MUNDO JUDICIAL: LAS REDES SOCIALES

El mundo jurídico no es ajeno a los fenómenos sociales que lo circundan y el caso de las redes sociales no es la excepción, lo cual se convierte en objeto de interés por varias razones: la primera, las redes sociales son un espacio tanto de protección como de vulneración de derechos; en segundo plano, existe la posibilidad de que se cometan conductas delictivas por este medio; en tercer lugar, hay vastas relaciones de comercio; y, por supuesto, existen instituciones y servidores públicos que juegan un importante papel en este espacio digital.

De esta forma, en el presente apartado trataremos de dar cabida a, por lo menos, cuatro interrogantes que nos servirán como directrices: ¿pueden participar las personas juzgadoras en el mundo de las redes sociales? Si la respuesta es afirmativa, ¿qué es lo que no deben hacer?, ¿cuál sería su comportamiento en este espacio?, y finalmente, ¿es necesaria una protección especial de los jueces en los espacios digitales?

Llama profundamente la atención que el tema de la participación de las personas juzgadoras en el espacio digital ha sido objeto de interés de teóricos y prácticos y, sobre todo, del propio gremio de las y los jueces. Basta traer a referencia los documentos Las directrices no vinculantes sobre el uso de las redes sociales por los jueces de la Red Mundial de Integridad Judicial[13] y el Dictamen sobre los Aspectos de

---

[13] Véase: Red Mundial de Integridad Judicial, «Directrices no vinculantes sobre el uso de las redes sociales por los jueces», Escuela Nacional de la Judicatura de la República Dominicana, 2018, consultado el 5 de septiembre, 2023, https://www.unodc.org/res/ji/import/international_standards/social_media_guidelines/redes_sociales.pdf.

la Participación de los jueces en las Redes Sociales, iniciativa de la Comisión Iberoamericana de Ética Judicial,[14] por mencionar algunos.

En este sentido, consideramos que es necesario que las personas que se dedican a la impartición de justicia conozcan las dinámicas, así como ventajas y desventajas del uso de las redes sociales, tanto en su actividad jurisdiccional como en su vida privada, lo cual, en suma, representa uno de los objetivos principales de este libro y, de manera concreta, de este artículo.

Al respecto, José Campillo Saénz sostiene que "las normas éticas se convierten en jurídicas cuando adquieren relevancia especial para la convivencia y el grupo social considera que deben de ser obligatorias".[15] En ese sentido, la problematización acerca de los deberes deontológicos de las personas juzgadoras tal vez sea la antesala para lograr una regulación jurídica vinculante más detallada que la que ahora existe.

III.1. ¿Pueden participar las personas juzgadoras en el mundo de las redes sociales?

Para comenzar, no existe ningún impedimento normativo que restrinja o coarte la libertad de expresión de las personas juzgadoras en el mundo de las redes sociales, sin embargo, es claro que la probidad y los principios aplicables a la investidura jurisdiccional no se pueden ni deben des-

---

14 Véase: Comisión Iberoamericana de Ética Judicial, «Dictamen sobre los aspectos éticos de la participación de los jueces en las redes sociales», noviembre, 2015, consultado el 28 de agosto, 2023, https://elmundojuridico.com/wp-content/uploads/2022/02/dictamen-sobre-la-participacion-de-los-jueces-en-las-redes-sociales-1.pdf

15 José Campillo Sáenz, *Introducción a la ética profesional del abogado*, (México: Porrúa, 2012), 22.

dibujarse en el mundo digital. En otras palabras, el actuar de quien juzga debe ser virtuoso en cualquier lugar y por cualquier medio, y el digital no es la excepción.

En este aspecto, las y los juzgadores tienen una libertad innata que les da su propia condición humana, la cual les dota de la voluntad y capacidad contractual, de autocensura y guía ética para el desarrollo de sus actividades institucionales y personales.[16] Naturalmente, la libertad de los impartidores de justicia no es distinta a la de cualquier otro ser humano ajeno a las labores jurisdiccionales, pero sus obligaciones, sin duda, sí lo son, pues hay una expectativa sobre ellos y una vigilancia social en torno a su vida pública y privada.

Derivado de lo anterior se puede discernir que las exigencias en torno al papel de las personas juzgadoras en las redes tienen tres vertientes básicas:

A. Lo deontológico

La deontología es una disciplina que tiene como objetivo problematizar y estudiar los deberes de múltiples profesiones, como es el caso del derecho. En la deontología se concentran las expectativas morales —y, por tanto, sociales— respecto a las virtudes y valores que deben defender las y los profesionistas en distintos ámbitos.

En los códigos deontológicos (los mal llamados códigos de ética), en los decálogos y en los mandamientos se recopila un listado de deberes morales que se espera sean cumplidos por quienes desempeñan una actividad profesional y que sirven como una buena directriz respecto al ejercicio profesional.

16 Cfr. Yolanda Higareda Loyden, *Filosofía del derecho. La teoría pura y el derecho positivo,* (México: Porrúa, 2003), XIX.

En este sentido, en los estudios jurídicos tienen un lugar especial los mandamientos del abogado e investigador Eduardo J. Couture, que en la cultura judicial se arraigaron como los más populares y emblemáticos, e, indudablemente, han inspirado a varias generaciones de profesionales del derecho como una guía viable para ejercer correctamente.[17]

B. Lo ético

Lo ético tiene que ver con las valoraciones y ponderaciones de carácter personal con el que los individuos, basados en su posicionamiento ideológico, sus circunstancias y contexto, así como con su capital cultural, dan sentido a su actuar y a la forma en que viven y justifican su existencia. Lo ético emana de la voluntad de los individuos y de su posicionamiento frente a la moral y al mundo exterior.

De esta manera, las y los jueces no solo se basan en las deliberaciones deontológicas y morales que les son impuestas, sino también en las consideraciones de carácter ético que surgen de su sentido de justicia y, por supuesto, de su propia voluntad, las cuales le dan un sentido humanista a la judicatura y le dan justificación a sus deliberaciones jurisdiccionales y personales.

C. Lo jurídico

Lo jurídicamente regulado son disposiciones explícitas y vinculantes que están apegadas a las normativas en distintas legislaciones, las cuales determinan las labores jurisdiccionales, como lo son la propia Constitución Política de los Estados Unidos Mexicanos (artículos 1°, 2°, 5° 14, 17, 123),

---

17 Véase Eduardo Couture, *Los mandamientos del abogado,* (México: UNAM, 2003), 5.

la Ley Orgánica del Poder Judicial de la Federación, la Ley Federal de los Trabajadores al Servicio del Estado, la Ley Federal del Trabajo, el Reglamento Interior de la Suprema Corte de Justicia de la Nación y los Acuerdos Generales del Pleno del Consejo de la Judicatura Federal y de los Plenos de la Suprema Corte de Justicia de la Nación.

De esta forma, lo jurídico es la primera pauta que establece los deberes a los que los jueces están obligados y, por tanto, atañen no solo al ámbito presencial, sino también al digital. En otras palabras, las obligaciones de respetar los principios judiciales para la impartición de justicia no se difuminan en el mundo digital, sino que persisten. En este tenor, podemos afirmar que no hay regulación especial que dicte cómo se deben comportar las personas juzgadoras en las redes sociales, pero, por añadidura, las que sí están establecidas son expansivas al mundo digital.

III.2. Ventajas y desventajas del uso de redes sociales como formas de comunicación institucional de los órganos jurisdiccionales y las personas juzgadoras

En el mundo jurídico, como en el resto de la vida social, existen ventajas y desventajas del uso y manejo de las redes sociales como forma de comunicación, lo cual resulta en la necesidad de una disección de las características e inconvenientes de este tipo específico de interlocución digital, tanto para analizar las problemáticas alrededor de ellas como para encontrar soluciones.

A. Ventajas

La democratización, divulgación y acercamiento de las personas juzgadoras al pueblo son algunas de las promesas que tratan de cumplir las instituciones jurisdiccionales y jueces por medio del uso de redes sociales, sin embargo, hay quienes somos escépticos al respecto, ya que consideramos que no hay una influencia significativa ni un buen balance entre los costos invertidos en redes institucionales con relación a los beneficios obtenidos.

Este es el caso, por ejemplo, de Justicia TV, el Canal de Televisión de la Suprema Corte de Justicia de la Nación, cuyos costos, sin duda, son onerosos y, con solo revisar el organigrama, se corrobora la tesis arriba descrita,[18] mientras que, por otro lado, no hay datos sólidos para afirmar que el rating sea proporcional a los emolumentos gastados.

En ese rubro, basta hacer una revisión del Twitter de Justicia TV que cuenta con solo 131 mil seguidores,[19] mientras que la propia cuenta de la Suprema Corte de Justicia de la Nación tiene menos de un millón de personas que la siguen en Twitter,[20] todos ellos números poco alentadores si lo comparamos con los llamados "*influencers* jurídicos" o algunas personalidades del medio del derecho. Por otro lado, la verdaderas y trascendentes preguntas en torno al tema son: ¿cuánto dinero público se gasta en comunicación social para mantener estas redes? ¿Es ese dinero bien invertido? ¿Cumple sus finalidades?

En este sentido, es necesario hacer un análisis institucional respecto a quiénes son las personas seguidoras de los canales institucionales de los distintos órganos jurisdiccio-

---

18 Véase: Dirección General Justicia TV Canal del Poder Judicial de la Federación, «Estructura ocupacional», SCJN, enero, 2020, consultado el 15 de agosto, 2023, https://www.scjn.gob.mx/sites/default/files/estructura_organica/estruc_ocup/2020-01/EO_JUSTICIATV.pdf

19 Justicia TV (@justiciaTV), Cuenta Institucional de Twitter, consultado el 8 de agosto, 2023, https://twitter.com/JusticiaTV_MX

20 Suprema Corte de Justicia de la Nación (@SCJN), consultado el 8 de agosto, 2023, https://twitter.com/SCJN

nales, sus profesiones y los tipos de interacción, a fin de determinar si verdaderamente se cumple la labor democratizadora, así como si efectivamente estos datos nos indican si se cumplen o no las labores prometidas de democratización, transparencia y divulgación.

Si bien las mencionadas intenciones de democratización, divulgación y transparencia son axiológicamente aceptables, es importante revisar que los presupuestos invertidos sean congruentes con las metas logradas. Estamos convencidos de que los canales de comunicación social no deben de tener una prioridad presupuestaria en los gastos de las instituciones. Lo que sí es necesario es contar con suficientes juzgados y tribunales para que no tengan una carga de trabajo desproporcional ni poco personal; en otras palabras, se debe atender al adagio que implica "primero lo primero".

Como consecuencia, consideramos que el uso individual de las redes por parte de impartidores de justicia puede ser una mejor alternativa, pues no cuestan dinero al erario y, además, son responsabilidad de quien las maneja. En este aspecto, merece la pena retomar el testimonio del magistrado Felipe de la Mata Pizaña, quien sostiene:

> Llevo un tiempo incursionando en el tema de las redes, es decir, practicando todo el tiempo y tratando de comunicarme con la ciudadanía, y la verdad es que he encontrado que es muy útil, nos sirve para comunicarnos como jueces con las personas; hablamos con ellas, les hablamos de frente, es interesante; en ocasiones dialogamos con ellos constantemente.[21]

Por su parte, la magistrada María Guadalupe Silva Rojas también se ha pronunciado respecto a los beneficios del uso

---

21 Felipe De la Mata Pizaña, «Los jueces en las redes sociales y su vinculación con la ciudadanía», *Ciudadanía, interculturalidad y redes sociales,* coord. Jorge Sánchez Morales, (México: Tirant lo Blanch, 2020), 87.

de redes como un mecanismo democratizador, legitimador y de diálogo con la ciudadanía, como podemos constatar de la siguiente transcripción:

> Quienes juzgamos podemos utilizar las redes sociales digitales como una herramienta para fortalecer la justicia abierta por las siguientes razones: [la] legitimación [está] bien empleada y nuestras resoluciones están debidamente fundadas y motivadas, [además de que] ayudan a fortalecer la legitimación de los tribunales y del poder judicial [al crear] confianza, humanización, cercanía, retroalimentación, sugerencias y críticas.[22]

De esta forma, entre las ventajas del uso de las redes sociales por parte de quienes imparten justicia podemos hallar un espíritu democrático, un intercambio de ideas y, tal vez lo más importante, ejercicios de autocrítica y retroalimentación. Por el contrario, no perdamos de vista que todo esto también conlleva ciertas desventajas que hay que tener en consideración, las cuales se analizarán en el siguiente subtema.

B. Desventajas

Sin la intención de ser pesimistas o de soslayar la importancia de que las personas juzgadoras utilicen las redes sociales en este contexto, es indispensable hacer mención de las posibles adversidades a las que se pueden enfrentar.

En principio, merece la pena no "echar en saco roto" el pensamiento del magistrado Reyes Rodríguez, quien nos previene de ciertos efectos generales no deseados en la ju-

---

22 María Guadalupe Silva Rojas, «Los jueces en las redes sociales y su vinculación con la ciudadanía», *Ciudadanía, interculturalidad y redes sociales,* coord. Jorge Sánchez Morales, (México: Tirant lo Blanch, 2020), 116.

dicatura, como la percepción de parcialidad por parte de los magistrados y magistradas a los ojos de la ciudadanía.[23]

Efectivamente, ver el lado "humano" o "ciudadano" de los jueces fuera de los centros de impartición de justicia, con las opiniones y emociones humanas que esto conlleva, puede generar dudas respecto a su imparcialidad e independencia en la toma de decisiones, como, por ejemplo, si el juzgador le da un *like* a cierta página o a las personas de quienes es amigo o seguidor en redes.

Otro factor importante a considerar son los constantes ataques y las críticas poco propositivas y descalificadoras a las que están expuestos los y las juezas. Para corroborar lo dicho, basta rememorar que el 2 de marzo de 2023 la Asociación Nacional de Magistrados de Circuito y Jueces de Distrito del Poder Judicial de la Federación alzó la voz para que las autoridades ministeriales federales investigaran los ataques y amenazas que se lanzaron en redes en contra de la ministra presidenta Norma Lucía Piña Hernández.

Otra vicisitud que se podría enfrentar es, justamente, la excesiva distracción de las personas encargadas de los asuntos judiciales en cosas tan banales como la administración de una cuenta de alguna red social o contenido, sobre todo, si se trata de horarios laborales.

III.3. Entre lo público y lo privado

El objetivo de este inciso es dar cuenta de algunos de los dilemas éticos más recurrentes cuando las personas juzga-

---

23 Cfr. Reyes Rodríguez Mondragón, «Los jueces en las redes sociales y su vinculación con la ciudadanía», *Ciudadanía, interculturalidad y redes sociales*, coord. Jorge Sánchez Morales, (México: Tirant lo Blanch, 2020), 90.

doras emplean las redes sociales para efectos personales o públicos, para lo cual conviene, en un primer momento, aclarar qué es lo público y qué es lo privado, sin dejar de insistir en que "las redes sociales de las personas juzgadoras, sean del tipo que sean, [deben ser utilizadas] con ética con prudencia, responsabilidad y respeto a la dignidad de nuestros cargos".[24]

Asimismo, en torno a las discusiones respecto al uso de redes sociales se han vertido muchos debates principalmente dirigidos al tema de los límites y alcances del derecho de libertad de expresión y la frontera entre lo público y lo privado, pero debemos centrarnos un poco más en las consideraciones jurisdiccionales que enriquecen el debate.

En un ejercicio casuístico merece la pena reflexionar acerca del amparo en revisión 1005/2018, en el cual se trató lo relativo al bloqueo de un periodista por parte del entonces fiscal general del Estado de Veracruz en Twitter. El referido comunicador decidió promover un juicio de amparo indirecto por considerar vulnerado su derecho a la información y, en consecuencia, el juez de distrito determinó que, por la naturaleza de la cuenta, efectivamente procedía dicha querella de violación. Sin embargo, el fiscal no estuvo de acuerdo con la determinación, por lo cual interpuso un recurso de revisión, debido a que, desde su perspectiva, "no se trataba de un medio de comunicación oficial" y tenía derecho a bloquear al periodista, además, de que argumentó que había información personal y privada en su cuenta, lo cual fue rechazado por la autoridad, pues se ponderó que el derecho a la información debe prevalecer sobre el derecho a la intimidad y el contenido de la cuenta mostraba datos de interés general social y no solo personales.

---

24 Silva Rojas, "Los jueces en las redes sociales», 117.

En ese orden de ideas e, inspirados en el caso anterior, ponemos sobre la mesa algunas propuestas que creemos importantes para distinguir cuándo una cuenta trasciende el plano de lo privado y se convierte en algo abierto. Una cuenta se convierte en pública si:

1. No tiene restricción en cuanto al acceso de sus contenidos.
2. En el perfil, el usuario se describe en el desempeño de sus funciones como servidor público y hace referencia al puesto o instituciones donde labora.
3. La información compartida es notoriamente relativa a sus actividades e informa respecto aspectos laborales.
4. Comparte información de los sitios institucionales.
5. La información pública es significativamente mayor que la privada.

Los puntos anteriores nos dan cuenta de que a veces no es del todo clara la línea fronteriza entre lo público y lo privado, tema que desarrollaremos con más detalle en los subsecuentes apartados.

A. Lo público

Lo público se puede entender como las relaciones que surgen fuera del núcleo personal-individual, familiar y de amistad, y que se dan en el marco de las relaciones sociales, particularmente, enfocado a lo laboral, lo político y lo social. Así, lo privado se desdibuja cuando asumimos un rol en el sector público o en un ambiente privado que nos vincula a desempeñar una función determinada en los espacios públicos, ya sean físicos o digitales.

De esta manera, en el caso de los operadores jurisdiccionales, lo público tiene que ver con todo aquello que se relacione con su función en la judicatura, pero también con su probidad y modo honesto de vivir en el ámbito de lo privado. En lo público podemos ver un esfuerzo del individuo de acoplarse a las normas de carácter moral, mientras que, en el plano de lo privado, se puede desarrollar de manera más notoria "lo ético", pues en este espacio no hay la misma vigilancia ni presión social como en el ámbito de lo público.

B. Lo privado

Lo privado es el espacio más íntimo donde se relacionan los seres humanos, el cual comprende aspectos que van desde el área de los diálogos internos hasta la relación con otras personas, principalmente familiares, amigos y conocidos, fuera del ámbito laboral o de los espectros públicos En ese tenor, sostiene Ana Laura Cabazuelo que "la vida privada engloba todas aquellas manifestaciones que están apartadas de la proyección pública del individuo, del papel que cada cual está llamado a representar en la sociedad, en virtud del cual se nos imponen ciertos contactos o relaciones con terceros".[25]

El ámbito privado constituye un espacio ideal para dar garantía de lo que se defiende en público y que se aplica en el ámbito más personal de las relaciones humanas. Generalmente, lo privado no tiene por qué impregnar o influir en lo público y, sería deseable que lo público invada lo menos posible en lo privado, aunque a veces es ineludible esta colusión, pues, por ejemplo, cuando una persona juzgadora

---

[25] Ana Laura Cabezuelo Arenas, *Derecho a la identidad*, (Valencia: Tirant lo Blanch, 1998), 93.

comete un acto inmoral en lo privado nos pudiera hacer dudar de sus virtudes en el espacio público de su jurisdicción.

III.4. Dilemas éticos y buen manejo de redes por parte de personas juzgadoras y manejo de crisis: el peligro del populismo judicial

En general, Sánchez-Cordero Grossman sugiere que los jueces no deben participar en polémicas públicas y que, por el contrario, sería correcto que fueran reservados con la prensa, en especial con cualquier información personal o fotografías con las que, en cualquier caso, deberán de cumplir el principio de discreción y decoro. Asimismo, es conveniente que ponderen compartir contenidos educativos y no revelar información sensible acerca de sus asuntos en redes sociales, toda vez que se podría comprometer su independencia o su imparcialidad mediante la interacción reiterada con los abogados litigantes o en otras instancias.[26]

De esta forma surge la pregunta recurrente sobre si es correcto o no tener como seguidores o amigos en redes, por ejemplo, a abogados postulantes, a lo que Sánchez-Cordero Grossman responde:

> Sobre los problemas específicos planteados por la participación del juez en una determinada red social destaca la cuestión de si es causa de abstención que las partes o los abogados [...] sean amigos del juez en Facebook o seguidores en Twitter o Instagram. La respuesta es que en sí misma considerada la relación de amigos de Facebook no supone una causa de abstención. Pero esto no evitaría que las partes promuevan la recusación del juez basándose en tales circunstancias, por lo que, si eso ocurriese, el

---

26 Cfr. Sánchez-Cordero, «Los jueces en las redes sociales», 118-121.

juez debe considerar si es apropiado continuar en tales redes.[27]

Contrario a la postura del referido juzgador, estamos plenamente convencidos de que una amistad de redes o un seguimiento no presupone un conflicto de interés. El hecho de tener a abogados postulantes agregados a una red social no se traduce *per se* en una relación de auténtica de amistad, sino que se tienen que valorar las interacciones y sobre todo las relaciones fuera del mundo del internet.

No obstante, la persona juzgadora deberá de ser extremadamente cuidadosa con la forma en que intercambia comentarios y reacciones en las redes sociales, pues, de lo contrario, puede activar las alarmas para sospechar acerca de un posible interés personal en el asunto.

De esta forma, lo anterior representa algunos de los ejemplos más comunes que pudieran hacernos reflexionar en torno a ciertos dilemas éticos de la actividad jurisdiccional frente al uso de redes sociales.

A. El peligro del populismo judicial

No podríamos estar en desacuerdo con Luis Fernando Ávila Salcedo quien defiende la idea de que "ser juez representa la exaltación de la justicia, del buen juicio, de la rectitud [y] encarna los mejores propósitos que todo hombre de bien busca alcanzar" (sic.),[28] por lo que, de esta manera, el buen juzgador no puede permitirse ser seducido ni mucho me-

---

27 Sánchez-Cordero, «Los jueces en las redes sociales», 119.

28 Luis Fernando Ávila Salcedo, «El jurista juez», *Ser abogado y jurista*, comp. Dora García Fernández, (México: Porrúa-Universidad Anáhuac, 2016), p.75.

nos sucumbir ante las exigencias e interferencias de presiones populares o políticas ajenas a sus labores.

Si bien el populismo tiene una connotación positiva, pues lo entendemos como un posicionamiento de defensa de los intereses, ambiciones y necesidades del pueblo, en el caso del populismo judicial pudiera no serlo, debido a que las decisiones jurisdiccionales no se pueden determinar con la simple escucha de la voz popular, ya que requieren un alto nivel de especialización y experiencia.

Lo anterior no excluye que una buena praxis judicial suponga sensibilidad, empatía y, por supuesto, conocimiento de las circunstancias sociales y una profunda fidelidad a la defensa de la justicia, el bien común y de la certidumbre jurídica, lo cual de ninguna manera se traduce en ceder a las exigencias populares a fin de "darle al pueblo las respuestas judiciales que quiere recibir" en algunos casos mediatizados.

En este sentido, adentrarse al mundo de las sentencias dictadas por la voz popular es una forma indigna de manchar la investidura y es por ello que la valentía también es una característica deseable en las personas juzgadoras, de tal forma que se resista a la manipulación mediática como forma de presión para que se resuelva de determinada forma un asunto sin mediar un criterio judicial verdaderamente argumentado.

B. Consideraciones deontológicas acerca del manejo de redes para juzgadores y juzgadoras

De todo lo anterior, naturalmente podría surgir la siguiente interrogante: ¿cuál es la red social ideal para una persona juzgadora? La respuesta de ninguna manera puede ni debe ser universal, sino que es algo de carácter personal que cada uno tiene que meditar en función de sus propios intereses, es decir, se deben tomar en cuenta las siguientes interrogantes: ¿qué pretende comunicar y a quiénes? ¿Cómo y por qué se quiere comunicar?

En este aspecto estamos en la misma frecuencia argumentativa de Felipe de la Mata Pizaña en el sentido de que la red más adecuada para las personas juzgadoras es LinkedIn, ya que en ella se pueden compartir aspectos profesionales sin caer en polémicas estériles, como lo sostiene el autor al mencionar que:

> Ahora, también me empiezo a preguntar si de verdad todas las redes sociales son adecuadas para la utilización por parte de los jueces. LinkedIn pareciera una red neutral en sentido general. Pero si algo no es neutral es Twitter. Cada red tiene su propio mercado [y] tenemos que hacernos preguntas respecto de si cada red es adecuada.[29]

Efectivamente, cada una de las redes sociales tiene características particulares y el caso más extremo es el de "X", pues se presta a las ya mencionadas "funas" y "cancelaciones", así como a debates estériles, ataques y confrontaciones innecesarias. Por el contrario, Facebook e Instagram se presentan como redes personales dirigidas a compartir información en el marco de lo privado y no tanto en lo público.

Independientemente de la decisión personalísima de utilizar alguna red social, estamos plenamente convencidos de que la participación del juez en ellas debe estar regida por una marcada cortesía y por una prudencia ejemplar, así como una constante reflexión autocrítica acerca de su propio comportamiento, sin perder de vista que, cuando un

---

29 Felipe De la Mata Pizaña, «Los jueces en las redes sociales y su vinculación con la ciudadanía», *Ciudadanía, interculturalidad y redes sociales,* coord. Jorge Sánchez Morales, (México: Tirant lo Blanch, 2020), 88.

juez se pronuncia de manera inconsciente o consciente, sus receptores asumen que su opinión también es la voz de la institución judicial de la que forma parte.[30]

C. El manejo de crisis

Una de las principales inquietudes que tienen no solo las personas juzgadoras, sino la sociedad en general, es acerca de qué hacer si se es víctima de una crisis mediática en la que se reciben ataques justificados o injustificados en el mundo de las redes sociales.

En principio, si los ataques son justificados, no queda más que asumir la responsabilidad moral, jurídica, social o económica a la que haya lugar, sin permitir que se sobrepase la línea de la violación a los derechos humanos o se atente en contra de la dignidad. En ese supuesto, hay que hacer las denuncias que procedan y hacer lo que a derecho corresponda.

De otra forma, si el ataque surge de la mala fe o de una perversa estrategia de desacreditación, sugerimos considerar los siguientes pasos:

— Guardar la calma: no se pueden controlar las acciones de los demás, pero sí se pueden controlar las propias; es necesario tener la templanza y serenidad para enfrentar la embestida.

— Medir la dimensión del ataque: no es lo mismo un ataque anónimo sin difusión que un ataque de un par o superior jerárquico que se hace viral. Es importante revisar el impacto respecto a las personas que tienen la noticia; a veces contestar o aclarar la

---

30 Cfr. Comisión Iberoamericana de Ética Judicial, «Dictamen sobre los aspectos éticos», 2020, 21.

situación puede magnificar el problema y hacer que más personas se enteren o inmiscuyan. Nunca se debe contestar impulsivamente.

- No engancharse: evitar a toda costa caer en provocaciones, discusiones o debates estériles; hay ocasiones en que la mejor defensa es ignorar y dejar pasar.
- No tomarlo personal: hay que considerar que cada persona actúa de acuerdo con sus circunstancias e historia de vida. Muchos de los ataques vertidos en redes no tienen causa ni justificación.
- No buscar la aprobación popular: hay que partir de la tesis de que "todo lo dicho en redes puede ser usado en nuestra contra". Es mejor que conozca el asunto una autoridad fuera de ellas, que "litigar" el problema en las propias redes.
- Monitorear las reacciones: es indispensable ver cómo fue recibida la narrativa y encontrar sus inconsistencias y contradicciones.
- Dar una respuesta: solo cuando la crisis lo amerita hay que dar una respuesta contundente, sobria, racional y razonable que muestre la debilidad narrativa del ataque, con miras a que el tema se judicialice.
- Buscar la reparación del daño moral: es menester defender el honor, de acuerdo con la proporcionalidad del ataque, a fin de que las personas responsables paguen por los daños morales provocados.
- Aprender de la experiencia: una de las pocas cosas que se pueden rescatar de estos tragos amargos son los aprendizajes adquiridos; hay que reflexionar y hacer una introspección al respecto.

IV. PROPUESTA DE DECÁLOGO DEONTOLÓGICO PARA EL USO DE REDES SOCIALES POR PARTE DE PERSONAS JUZGADORAS.

Como última parte de este capítulo hemos decidido condensar algunas de las ideas más importantes en un decálogo deontológico para el uso de redes sociales que las personas juzgadoras pueden utilizar, y que sometemos a la importante opinión de los lectores, el cual hemos sintetizado en 10 puntos:

1. Quien es virtuoso en el mundo físico, no tiene por qué no serlo en el digital. El cumplimiento de los deberes trasciende cualquier "realidad"; la virtud se desarrolla en cualquier parte y por cualquier medio.

2. Cuida tu información y tu vida privada misma. No compartas información que comprometa tu imparcialidad o haga dudar de tu probidad y no publiques información de asuntos de los que conoces o conociste. Es importante salvaguardar datos acerca de familiares y colaboradores. Selecciona una red social que se adecue a tus necesidades.

3. Respeta la envestidura. La independencia también se muestra en las opiniones, *likes* y simpatías; sé moderado con tus opiniones y recuerda que cuando opinas, parte de tu voz tiene el tono de la judicatura.

4. Respeta a tus colegas. Criticar, debatir o polemizar en público pone en duda a la institución y tu labor como impartidor de justicia. Si has de debatir algún punto con algún colega o subordinado, es mejor hacerlo respetuosamente en privado y fuera de las redes sociales.

5. Transformar la visceralidad en racionalidad. Conserva una actitud pacífica y tolerante, reflexiona y sé auto-

crítico con tu conducta, y ten autocontrol. Sé flexible con los demás y exigente contigo mismo. La visceralidad en las redes sociales es "fuego y gasolina".

6. Sé tolerante. No te enganches; nada es personal y menos en las redes sociales. La templanza es tu línea.
7. No sucumbas a la presión mediática. Un buen juzgador se legitima por la calidad de sus argumentos, reflexiones y sentencias, no por ser un simple escribano de la voz popular que se alza en las redes sociales.
8. Sé cortés. Lo cortés no demerita la labor judicial, la dignifica.
9. Utiliza las redes en su justa dimensión. Primero juzgador antes que "*influencer* jurídico". Evita el uso de redes en horarios laborales-institucionales. Proscribe la vanidad del reconocimiento social en el mundo digital; buscar la aprobación generalizada es una labor determinada al fracaso. El mejor reconocimiento es el propio y se consigue por medio de la congruencia.
10. Si has de usar redes sociales, sé un ejemplo de usuario tecnológico y de juzgador. Comparte información útil y certera; divulga y sé un agente de cambio, no un "especialista o activista de ocasión".

V. REFLEXIÓN FINAL

A lo largo de este breve trabajo de investigación hemos explicitado la compacta relación entre el ámbito jurídico y el de las redes sociales a partir de un dualismo bastante singular: las redes son tanto espacios de protección de derechos como de violación de ellos, por lo cual es indispensable que los estudiosos de los fenómenos jurídicos asuman la responsabilidad de problematizar las implicaciones de su utilización, especialmente con un enfoque crítico y propositivo.

El uso que las personas juzgadoras hacen de las redes sociales tiende hacia un debate aún inconcluso que no hay que eludir, sino, por el contrario, resulta prioritario examinar las fronteras entre lo público y lo privado, sin dejar de observar que la credibilidad y la ética son los pilares para garantizar la confianza en el sistema judicial.

La disonancia entre la velocidad de las redes sociales y la labor de impartir justicia se expone como un contraste importante que merece atención. En este sentido, se resalta la necesidad de empoderar a los centros judiciales y a los jueces para contrarrestar las narrativas artificiales que pueden erosionar la legitimidad de su trabajo y, aún más peligroso, su credibilidad.

El que los jueces utilicen las de redes sociales puede tener como ventajas el intercambio de ideas, la democratización del conocimiento jurídico, la autocrítica y el diálogo horizontal, así como ser una vía para llegar a la tan anhelada justicia abierta, pero, al mismo tiempo, pueden ser un factor para poner en duda la imparcialidad y generar distracciones innecesarias para las y los operadores jurisdiccionales, por lo cual la ética y la responsabilidad deben ser valores irrenunciables de las personas juzgadoras.

Uno de los retos de nuestro país es el de regular los límites de las redes sociales y la libertad de expresión sin ponerla en entredicho. Por esta razón es por lo que defendemos la idea de que se debe reabrir la discusión en torno a la reincorporación de la difamación y la calumnia en los códigos penales en México. En ese tenor, también visibilizamos la urgencia de restar poder a los dueños de las redes sociales, que poco a poco se erigen como decisores en torno a los límites y alcances de la libertad en el mundo digital.

VI. BIBLIOGRAFÍA

Ávila Salcedo, Luis Fernando, «El jurista juez», *Ser abogado y jurista,* comp. Dora García Fernández, México: Porrúa-Universidad Anáhuac, 2016.

Cabezuelo Arenas, Ana Laura, *Derecho a la identidad,* Valencia: Tirant lo Blanch, 1998.

Calvo González, José, «Por una teoría narrativista del derecho», *Derecho y literatura. Persiana americana,* coords. Rafael Caballero y Manuel de J. Jiménez, México: Poder Judicial del Estado de México-Tirant Lo Blanch, 2022.

Campillo Sáenz, José, *Introducción a la ética profesional del abogado,* México: Porrúa, 2012.

Comisión Iberoamericana de Ética Judicial, «Dictamen sobre los aspectos éticos de la participación de los jueces en las redes sociales», noviembre, 2015, consultado el 28 de agosto, 2023, https://elmundojuridico.com/wp-content/uploads/2022/02/dictamen-sobre-la-participacion-de-los-jueces-en-las-redes-sociales-1.pdf

Couture, Eduardo, *Los mandamientos del abogado,* México: UNAM, 2003.

De la Mata Pizaña, Felipe, «Los jueces en las redes sociales y su vinculación con la ciudadanía», *Ciudadanía, interculturalidad y redes sociales,* coord. Jorge Sánchez Morales, México: Tirant lo Blanch, 2020.

De la Torre Rodríguez, José Ignacio, *Breve historia de la Inquisición,* Madrid: Nowtilus, 2014.

Del Prado Flores, Rogelio, «Humanismo y las hipermediaciones», *Ética y redes sociales,* coord. Rogelio Del Prado Flores, México: Tirant lo Blanch-Universidad Anáhuac, 2014.

Dirección General Justicia TV Canal del Poder Judicial de la Federación, «Estructura ocupacional», SCJN, enero,

2020, consultado el 15 de agosto, 2023, https://www.scjn.gob.mx/sites/default/files/estructura_organica/estruc_ocup/2020-01/EO_JUSTICIATV.pdf

Galán, Juanjo, «El oxímoron de la privacidad en las redes sociales», *El País,* 6 de septiembre, 2019, consultado el 2 de septiembre, 2023, https://elpais.com/rGalán,%20Juanjo,%20“El%20ox%C3%ADmaron%20de%20la%20privacidad%20en%20las%20redes%20socialeseti-na/2019/09/05/tendencias/1567673377_278104.html

Hidalgo Toledo, Jorge Alberto, «Ética posmodernidad y cultura», *Ética y redes sociales,* coord. Rogelio Del Prado Flores, México: Tirant lo Blanch-Universidad Anáhuac, 2014.

Higareda Loyden, Yolanda, *Filosofía del derecho. La teoría pura y el derecho positivo,* México: Porrúa, 2003.

Instituto Nacional de Estadística y Geografía e Instituto Federal de Telecomunicaciones, «Encuesta nacional sobre disponibilidad y uso de tecnología de la información en los hogares 2022», México, 19 de junio, 2023, consultado el 2 de septiembre, 2023, https://www.inegi.org.mx/contenidos/saladeprensa/boletines/2023/ENDUTIH/ENDUTIH_22.pdf

Justicia TV (@justiciaTV), Cuenta Institucional de Twitter, consultado el 8 de agosto, 2023, https://twitter.com/JusticiaTV_MX

Martínez Pineda, Ángel, *Ética y axiología jurídica,* México: Porrúa, 2ª ed., 2006.

Platts, Mark, «Introducción: responsabilidades», *Responsabilidad y libertad,* comp. Olbeth Hansberg y Mark Platt, México: Fondo de Cultura Económica, 2022.

Red Mundial de Integridad Judicial, «Directrices no vinculantes sobre el uso de las redes sociales por los jueces»,

Escuela Nacional de la Judicatura de la República Dominicana, 2018, consultado el 5 de septiembre, 2023, https://www.unodc.org/res/ji/import/international_standards/social_media_guidelines/redes_sociales.pdf.

Redacción, «5 claves para entender el escándalo de Cambridge Analytica que hizo que Facebook perdiera US$37.000 millones en un día», *BBC News Mundo,* 20 de marzo, 2018, consultado el 4 de septiembre, 2023, https://www.bbc.com/mundo/noticias-43472797

Redacción, «Twitter suspende a Trump permanentemente por el riesgo de mayor incitación a la violencia», *BBC News Mundo,* 8 de enero de 2021, consultado el 4 de septiembre, 2023, https://www.bbc.com/mundo/55597855

Rodríguez Mondragón, Reyes, «Los jueces en las redes sociales y su vinculación con la ciudadanía», *Ciudadanía, interculturalidad y redes sociales,* coord. Jorge Sánchez Morales, México: Tirant lo Blanch, 2020, 90.

Sánchez-Cordero Grossmann, Jorge Emilio, «Los jueces en las redes sociales y su vinculación con la ciudadanía», *Ciudadanía, interculturalidad y redes sociales, coord.* Jorge Sánchez Morales, México: Tirant lo Blanch, 2020, 121.

Silva Rojas, María Guadalupe, «Los jueces en las redes sociales y su vinculación con la ciudadanía», *Ciudadanía, interculturalidad y redes sociales,* coord. Jorge Sánchez Morales, México: Tirant lo Blanch, 2020.

Suprema Corte de Justicia de la Nación (@SCJN), consultado el 8 de agosto, 2023, https://twitter.com/SCJN

PRIVACIDAD, REDES SOCIALES Y JUECES*

Osvaldo Paul Suárez Colín**

SUMARIO: I. INTRODUCCIÓN. II. MÁS TRANSPARENCIA, MÁS DEMOCRACIA. III. LA PROTECCIÓN DE DATOS PERSONALES DE LOS SERVIDORES PÚBLICOS. IV. BUENAS PRÁCTICAS PARA LA PROTECCIÓN DE LOS DATOS PERSONALES EN REDES SOCIALES POR PARTE DE PERSONAS JUZGADORAS. V. BIBLIOGRAFÍA.

Numerosos ingenios mecánicos amenazan con hacer realidad la predicción de que "lo que se susurra en el armario será proclamado desde los tejados".
Samuel Warren y Louis Brandeis

I. INTRODUCCIÓN

En un mundo marcado por el constante desarrollo tecnológico, donde el internet, las redes sociales y las plataformas

---

* Este trabajo surge de mi participación en el "Seminario de derecho y política 2023: jurisdicción y redes sociales". Mi más sincero agradecimiento al Doctor Juan Carlos Abreu y Abreu y al Maestro Rafael Caballero Hernández, ambos del Centro de Investigaciones Judiciales por su generosa invitación y sobre todo por la extraordinaria labor en la organización del evento y su compromiso con la excelencia y promoción del conocimiento en temas de actualidad en el campo del derecho.

** Licenciado en Derecho y Especialista en Derecho de la Información por la Universidad Nacional Autónoma de México y Máster en Derecho de las Telecomunicaciones, Protección de Datos, Audiovisual y Sociedad de la Información por la Universidad Carlos III de Madrid

digitales se han convertido en el epicentro de la comunicación y de las interacciones sociales, surgen infinidad de preguntas cruciales sobre su impacto en las sociedades modernas. Es una realidad que las tecnologías de la información y la comunicación (TICs) se ha integrado a varios aspectos de nuestra vida cotidiana, por ejemplo, través de los dispositivos móviles y *smartphones*, el Internet de las Cosas (IoT), el Internet de los Cuerpos (IoB), la Inteligencia Artificial (IA), el Big Data y, en general, la automatización que trajo consigo la transformación digital; todas estas, herramientas muy poderosas y cada vez más indispensables y omnipresentes, que sin duda afecta la forma en que trabajamos, nos relacionamos y nos entretenemos. En este sentido, suele ser común escuchar que la realidad ha superado la imaginación de los autores de ciencia ficción del pasado.

Los avances tecnológicos y el uso cada vez más generalizado de las nuevas herramientas de información y comunicación han traído, como apuntamos, diversos cambios en la forma en que el ser humano interactúa con su entorno, especialmente en el modo en que difunde y consume la información, así como en la manera en que se manifiestan opiniones y se comunican o entablan relaciones con otras personas. Este fenómeno informativo ha impactado a millones de personas, sin importar su profesión, actividad, ocupación, cargo o puesto, debido a la gran capacidad de transmisión y generación de información que constituye un rasgo disruptivo y característico de las sociedades modernas.

Lo anterior ha provocado que la ciencia jurídica, entre otras disciplinas, hayan dirigido su reflexión a este tema. En el mundo judicial, sobre todo en los últimos años, han sido recurrentes los asuntos relativos a la protección de los derechos fundamentales, en especial aquellos relativos a la libertad de expresión, el derecho a la información, el derecho a la privacidad, la autodeterminación informativa y la protección de datos personales. Este fenómeno, producido en el campo de la información y el conocimiento, ha brindado herramientas para potencializar el ejercicio de varios derechos y libertades fundamentales, así como para involucrarse en la toma de decisiones políticas y la vigilancia de las instituciones públicas.

Sin embargo, con el advenimiento de la digitalización, el procesamiento automatizado de datos, la comunicación masiva y la rápida circulación de la información a través de las redes sociales también se han acrecentado las actividades que ponen en riesgo el ejercicio de esos derechos fundamentales y el funcionamiento del propio sistema democrático, lo cual plantea grandes desafíos como la gestión de la desinformación, la protección de la privacidad, el control en la utilización y destino de los datos personales, el manejo de los contenidos, los límites legítimos a la libre circulación de la información, la ciberseguridad y la protección de estructuras informáticas, entre muchos otros.

Dentro de la gran cantidad y diversidad de nuevas tecnologías de información y comunicación, las redes sociales han ocupado un lugar primordial en las discusiones que problematizan su impacto social, moral, jurídico, económico, etc. Muchos de estos debates no son nuevos, sino que solamente cuentan con nuevos ingredientes; por ejemplo, la llegada de redes sociales como Facebook, YouTube, Instagram o X (antes Twitter) ha propiciado una profunda conversación sobre su uso como medio de interacción entre gobernantes y gobernados. Asimismo, se ha hablado sobre su pertinencia como medio para transparentar las actividades de las instituciones y de los servidores públicos que las integran, e incluso se ha abordado el tema sobre los riesgos para la privacidad de cualquier individuo, pero, sobre todo, de aquellos que tienen una relevancia pública como los políticos, titulares de instituciones públicas o que encabezan los poderes de la unión, líderes de opinión, *influencers*, servidores públicos o periodistas, entre otros, que normalmente se encuentran sujetos a un escrutinio público mayor por las actividades que realizan.

En ese orden de ideas, consideramos que es necesario abordar y exponer el rol que tienen el acceso a la información pública, la transparencia y la protección de los datos personales en la labor jurisdiccional, en un contexto donde los funcionarios públicos (entre los que se encuentran los ministros, magistrados y jueces que integran el Poder Judicial) están expuestos y sujetos a un control más estricto por el interés público que revisten sus funciones.

Ahora bien, después de esta breve introducción, debemos destacar que en este trabajo no pretendemos realizar una investigación exhaustiva de todas las problemáticas que podrían derivarse de las tensiones que se generan al momento de fijar las fronteras entre lo público y lo privado en las relaciones entre gobernados y gobernantes, sino, más bien, nuestra intención es hablar sobre lo que obligatoriamente debe conocerse de los servidores públicos y lo que es legítimo reservarse como parte de su vida privada.

Para ello, en la primera parte del presente documento abordamos el tema de la transparencia como exigencia de las democracias modernas, es decir, la publicidad del actuar y de la vida de los servidores públicos como una condición fundamental de un gobierno democrático.

En la segunda parte, se analiza el asunto de la protección de los datos personales como pieza fundamental para controlar el uso y destino de la información personal, sobre todo, en un entorno digital cada vez más intrusivo con la privacidad de las personas.

En la última parte, a manera de propuesta y recomendación, presentamos algunas de las mejores prácticas para proteger y controlar la información de carácter personal en las redes sociales, lo cual se refiere, sobre todo, a aquellos servidores públicos que interactúan en esos espacios.

Finalmente, no quisiera concluir este apartado sin antes decir que este trabajo pretende exponer un tema que sin duda irá construyéndose gracias al debate y discusión que se genere en la arena pública. Por ello, deseo reconocer la organización de eventos como el "Seminario de derecho y política 2023: jurisdicción y redes sociales", organizado por el Centro de Investigaciones Judiciales de la Escuela de la Judicial del Estado de México, que propician la atención sobre este tipo de temas de tanta relevancia actual.

II. MÁS TRANSPARENCIA, MÁS DEMOCRACIA

La exigencia de mayor transparencia en la vida y el actuar de los representantes y funcionarios públicos encuentra sustento en uno de los principios sobre los que se fundan los sistemas democráticos: el de publicidad. El escrutinio, vigilancia y observación que pesan sobre los integrantes de las instituciones del Estado han sido herramientas para fortalecer la confianza de los gobernados en sus gobernantes, así como una fórmula para fortalecer la propia oncepción de la democracia, sobre todo aquella que la que se sustenta en la idea de publicidad, pues la transparencia de los actos del poder público es propia de esta forma de gobierno, en contraposición a la opacidad y el secreto que son características del poder autocrático.

Bajo esta concepción, el gobierno democrático se caracteriza precisamente por "el carácter público del poder, entendido como [un] secreto abierto al público".[1] Ha sido

1 Norberto Bobbio, *El futuro de la democracia,* (México: Fondo de Cultura Económica, 3ª ed., 2001), 98.

Norberto Bobbio quien ha definido a la democracia como el "poder en público", es decir, el que debe actuar en lo público, y donde se exige a los gobernantes tomar las decisiones vinculantes para todos bajo la luz del sol y permitir a los gobernados ver cómo y dónde se adoptan las decisiones. De igual manera, el autor nos recuerda que, si bien el paso de la democracia directa a la representativa hizo desaparecer a la plaza (el ágora ateniense donde se reunían los ciudadanos para escuchar a los oradores y luego expresar su opinión tras levantar la mano), no ha desaparecido la exigencia de visibilidad del poder.[2]

En este orden de ideas, en una democracia es esencial que las actividades de los gobernantes se encuentren bajo el escrutinio de los ciudadanos, como una forma de control, de evaluación y de rendición de cuentas, ya que, a fin de cuentas, el pueblo, como titular del poder soberano, tiene el derecho de exigir balances e inmiscuirse en los asuntos públicos que realizan sus representantes.

De esta forma, la transparencia del poder público constituye un elemento indispensable para evitar que el gobernante tome en secreto sus decisiones y oculte sus actos en la opacidad. En la democracia la publicidad es la regla y el secreto la excepción, como lo expresa Bobbio: "En el Estado autocrático el secreto de Estado no es la excepción sino la regla: las grandes decisiones políticas deben ser tomadas lejos de las miradas indiscretas del público".[3]

Como podemos observar, el régimen democrático está en contra de que el poder público actúe en la turbiedad y oculte sus actividades, y es aquí donde los conceptos de

---

2 Cfr. Norberto Bobbio, *Teoría general de la política,* (Madrid: Trotta, 2005), 418.

3 Bobbio, *El futuro de la democracia,* 105.

transparencia y publicidad cobran mayor relevancia, ya que constituyen piezas fundamentales en el control y vigilancia de los gobernantes, razón por la cual en las próximas líneas abordaremos la estrecha relación que existe entre ambos términos.

Por otro lado, al hablar de transparencia, desde el punto de vista de las ciencias sociales, nos enfrentamos a un concepto que puede acarrear cierta confusión, ya que no existe una definición unívoca o generalmente aceptada. Ante este contexto, un primer paso es abordar el significado de dicho término, el cual, desde el punto de vista etimológico, proviene de la palabra compuesta latina *trans-parere*, que significa "ver a través de", es decir, transparente es lo que podemos ver de un lado a otro, lo que aparece viendo a través de algo; no es simplemente lo que podemos observar, sino lo que podemos mirar a través de una división, de una pared o de una frontera.[4] Según el Diccionario de la Lengua Española, 'trasparente', en una de sus acepciones, se refiere a la propiedad de un cuerpo que permite ver los objetos con nitidez a través de él.[5] De igual manera, nos remite a una característica de las instituciones que proporcionan información suficiente, tanto de su actuar como de los procesos y gestiones que se realizan, sin que se oculte información sobre la manera en que se procede o se desenvuelve y, en particular, sin que haya duda sobre su legalidad.

En este tenor, para el tema que nos ocupa no nos interesa hablar de la transparencia de los entes públicos o, en su caso, entre los servidores o funcionarios públicos como si se

---

4 Cfr. Andreas Schedler, «Ideas para desordenar las ideas», *Transparencia: libros, autores e ideas,* coord. Mauricio Merino, (México: IFAI-CIDE, 2005), 66.

5 DEL, «transparente», consultado el 3 de septiembre, 2023, transparente | Definición | Diccionario de la lengua española | RAE-ASALE.

tratase de cuerpos, objetos o entes traslúcidos que podemos atravesar con nuestra mirada. Lo que nos atañe es referirnos a la transparencia en el sentido de la información que deben proporcionar obligatoriamente, bajo los parámetros constitucionales y democráticos de cada Estado o un conjunto de estos. Desde el punto de vista jurídico, Ernesto Villanueva nos dice: "la inserción de la transparencia en el derecho deviene de otra antigua institución jurídica que hoy se invoca como patente de un sistema democrático, la del principio de publicidad del Estado."[6]

En este sentido, ha sido a Kant a quien se le atribuye la idea moderna de publicidad, en tanto que "para el hombre que sale de la minoría de edad, el poder no tiene —no debe tener— secretos; para que el hombre que ha adquirido la mayoría de edad pueda hacer uso de la razón es preciso que tenga un conocimiento pleno de los asuntos de Estado; para que esto suceda es necesario que el poder actúe en público".[7] Bajo esta idea, se enuncia la famosa frase: "Las acciones referentes al derecho de otros hombres son injustas si su máxima no admite publicidad".[8] Para Kant, "la manera más segura de saber si son justas o injustas una intención política, una ley o una decisión de un gobernante es sacándolas del secreto y poniéndolas a la vista de la opinión pública".[9] De esta forma, el principio de publicidad debe ser entendido como un fundamento normativo, el cual se traduce en establecer ciertas reglas que obliguen al Estado a actuar en público, es decir, que sus actos sean transparentes y no

---

6 Ernesto Villanueva, «Aproximaciones conceptuales a la idea de transparencia», *Transparencia: libros, autores e ideas,* coord. Mauricio Merino, (México: IFAI-CIDE, 2005), 63.

7 Bobbio, *Teoría general de la política,* 438.

8 Bobbio, *Teoría general de la política,* 439

9 Jesús Rodríguez Zepeda, *Estado y transparencia: un paseo por la filosofía política,* (México; IFAI, 2007), 39.

opacos, que sean públicos y no secretos, lo cual, como apuntamos líneas atrás, coincide con los principios que postula un Estado democrático.

Como podemos advertir, publicidad y transparencia son dos términos ligados estrechamente, ya que ambos están en contra de que el poder se oculte, toda vez que reclaman poner a la vista y al escrutinio público los actos de sus gobernantes, al hacer que el ejercicio del poder esté a la vista de todos y no de uno o unos pocos, es decir, que esté en la luz y no en la oscuridad.

Este intrínseco vínculo existente entre lo público y democracia ha creado una fórmula legitimadora del actuar no solo de las instituciones públicas, sino también de las personas que las integran y/o encabezan. En otras palabras, el dotar de mayor exposición pública al actuar de los representantes y servidores públicos se ha pensado como un mecanismo que contribuye al fortalecimiento de la democracia, lo que podría generar la idea o percepción de que, entre más transparente y visible sea ese actuar, traspasando incluso en muchas ocasiones el ámbito público, mayor será el beneficio democrático. Al respecto, Peter Häberle expresa lo siguiente: "El llamado 'más' de lo público y 'más' democracia es hoy en día uno de los más escuchados en distintos círculos de investigación y campos científicos. [...] En nombre de la democracia se demanda cada vez más lo público, en nombre de lo público se exige la democratización",[10] a lo que agrega:

> Las instituciones tradicionales del derecho constitucional y del derecho común [...] deben soportar una inspección crítica de su estructura legal cada vez mayor en cuanto a las exigencias de democracia y de lo público. [...] Las leyes de

---

10 Peter Häberle, *Tiempo y Constitución. Ámbito público y jurisdicción constitucional* (Lima: Palestra Editores, 2017), 69.

> publicidad, a menudo exigidas, son 'leyes democráticas'. Lo público ya no se encuentra libre de rasgos utópicos: este aparece como una varita mágica que hace que aquellos objetos y procesos que toca se vuelvan democráticos en sí mismos y fundamenten de forma casi automática un 'buen' orden político y social.[11]

De lo anterior se desprende que la transparencia se ha convertido en un componente legitimador de la gobernanza democrática que se ha traducido en la obligación de los gobernantes de realizar sus actos y actuaciones de manera pública como una forma de controlar el poder político y de otorgar mayor credibilidad y confianza a su gestión y participación en la vida pública.

Desde este punto de vista, la transparencia es una herramienta poderosa para observar el quehacer de los servidores públicos y es desde este mirador que se ha identificado el término 'transparencia' con aquella información que los gobernantes deben hacer pública de oficio, sin que medie una petición o una solicitud de información, como señala Luis Carlos Ugalde: "la transparencia no implica un acto de rendir cuentas a un destinatario en específico, sino la práctica de colocar la información en la 'vitrina pública' para que aquellos interesados puedan revisarla, analizarla y, en su caso, usarla como mecanismo para sancionar en caso de que haya anomalías en su interior".[12]

Por otra parte, Ernesto Villanueva nos recuerda que la transparencia es "una garantía normativa e institucional no jurisdiccional para hacer efectivo el derecho de acceso a la información pública. En tanto la transparencia es una garantía, no un derecho sustantivo, hace las veces de una

---

11 Häberle, *Tiempo y Constitución,* 71.

12 Luis Carlos Ugalde, *Rendición de cuentas y democracia. El caso de México,* (México: IFE, 2002), 17.

herramienta o instrumento legal para alcanzar los propósitos que justifican la existencia del derecho de acceso a la información pública".[13]

Desde esta perspectiva, la transparencia no es en sí misma un derecho, pues no se habla de un derecho a la transparencia, sino un medio legal, una herramienta o un instrumento para alcanzar o garantizar un derecho, o, en palabras de Mauricio Merino, "la transparencia sirve como un instrumento o como un incentivo para impedir que algunos particulares se adueñen de los espacios públicos".[14]

En México, dentro de los principios que rigen el acceso a la información pública y la transparencia, se encuentra el de publicidad y el de máxima publicidad, establecidos en el apartado A del artículo 6 constitucional, lo que se traduce en que, en principio, toda la información en posesión del Estado es pública y solo podrá clasificarse por razones justificables. Sin embargo, la inclusión del principio de máxima publicidad establece la forma en que será interpretada y aplicada por las autoridades encargadas de garantizar el derecho de acceso a la información y la publicidad de los actos de las autoridades, es decir, cuando exista alguna duda para publicitar o reservar información deberá prevalecer o se optará por la publicidad, como lo señala Miguel Carbonell:

> Se trata de una suerte de canon hermenéutico; es decir, el intérprete tendrá siempre que observar como guía de su exégesis el principio de publicidad. [...] En caso de que decida no seguir ese principio, tendrá que derrotarlo argumentativamente. [...] Existe, por tanto, una especie de carga

---

13 Villanueva, *Aproximaciones conceptuales,* 64.

14 Mauricio Merino, *Transparencia: libros, autores e ideas,* (México: IFAI-CIDE, 2005), 18.

de la prueba para quien pretende restringir el principio de máxima publicidad, que es el que rige como regla general.[15]

En este sentido, no debemos olvidar que el 4 de mayo de 2015 se publicó en el *Diario Oficial de la Federación* la Ley General de Transparencia y Acceso a la Información Pública, y dentro de sus objetivos se encuentra el de establecer las bases y la información de interés público que se deben difundir proactivamente, así como el de instaurar las bases mínimas que regirán los procedimientos para garantizar el ejercicio del derecho de acceso a la información.

En este marco, a fin de cumplir con el principio de máxima publicidad y el deber de difundir proactivamente la información de interés general, una parte de los datos personales de los servidores gubernamentales que proporcionan antes de ocupar el puesto y los que se generan por ser inherentes al cargo o comisión que desempeña en la institución debe ser entregada y publicada a través de los medios que se establezcan para tal efecto, como la Plataforma Nacional de Transparencia (PNT),[16] con la finalidad de cumplir con la obligaciones que la Ley General de Transparencia señala. Entre la información que se considera pública y que se relaciona con los datos personales de los servidores públicos se encuentra:

— La estructura orgánica completa, en un formato que permita vincular cada parte de la estructura, las atribuciones y responsabilidades que le corresponden a cada servidor público, prestador de servicios profesionales o miembro de los sujetos obligados.

---

15 Miguel Carbonell, *El régimen constitucional de la transparencia,* (México: IIJ-UNAM, 2008), 23.

16 Plataforma Nacional de Transparencia, consultado el 3 de septiembre, 2023, https://www.plataformadetransparencia.org.mx/

— El directorio de las personas servidoras públicas, el cual comprende al menos el nombre, cargo o nombramiento, nivel del puesto en la estructura orgánica, fecha de alta en el puesto, número telefónico, domicilio para recibir correspondencia y dirección de correo electrónico oficiales.

— La remuneración bruta y neta de todos los servidores públicos de base o de confianza y de todas sus percepciones, incluyendo sueldos, prestaciones, gratificaciones, primas, comisiones, dietas, bonos, estímulos, ingresos y sistemas de compensación, señalando la periodicidad de dicha remuneración.

— La información en versión pública de las declaraciones patrimoniales de los servidores públicos que así lo determinen.

— La información curricular desde el nivel de jefatura de departamento o equivalente, hasta la persona titular del sujeto obligado.

— Las sanciones administrativas firmes de que se haya sido objeto.

— El listado de personas servidoras públicas con sanciones administrativas definitivas, especificando la causa de sanción y la disposición.

— El listado de jubilados y pensionados, y el monto que reciben.

A partir de lo anterior podemos observar que los servidores públicos cuentan con ciertas obligaciones de transparencia establecidas que impactan en su esfera privada, lo que, en principio, significa que, al ingresar al servicio público, el nivel de protección hacia su vida privada se ve disminuido al tener que publicitar información financiera, de identificación, de antecedentes laborales y escolares, días de vacaciones y asistencia, entre otros.

En este contexto, si bien la transparencia y el acceso a la información son esenciales por el bien de la salud de las sociedades democráticas, también es necesario proteger la privacidad de los servidores públicos, entre los que se encuentran los jueces y miembros del poder judicial. La difícil armonía que impera entre la información que debe divulgarse por el interés público que reviste y aquella que debe mantenerse como confidencial por situarse en la esfera privada y que no abona en la rendición de cuentas ya supone de por sí un tema complicado desde el punto de vista de la privacidad, ya que, como lo hemos visto, en la democracia la publicidad del poder es la regla y el secreto la excepción.

Lo anterior provoca que el derecho a la privacidad de los servidores públicos parta con desventaja ante otras prerrogativas, como el derecho a la información y las libertades de expresión y prensa, a lo que debemos sumar las amenazas y los riesgos que suponen para la privacidad las nuevas tecnologías de comunicación e información.

Así, una vez que hemos expuesto en líneas generales el rol que juega la transparencia en una democracia y su impacto sobre las acciones y la vida de los servidores públicos, en el siguiente apartado abordaremos el otro lado de la moneda, es decir, el derecho a la protección de los datos personales como salvaguarda de la privacidad de los servidores públicos.

III. PROTECCIÓN DE LOS DATOS PERSONALES DE LOS SERVIDORES PÚBLICOS.

No cabe duda de que en nuestros días la privacidad ha cobrado un papel relevante y no es raro que a casi diario escuchemos alguna noticia acerca de las amenazas o riesgos a los que se enfrenta, o sobre la importancia de proteger nuestros datos personales y mantener nuestra esfera privada resguardada en un mundo cada vez más digitalizado y conectado. Es así que la privacidad se ha convertido en un tema crucial en la sociedad contemporánea, y por buenas razones.

Vivimos en una era en la que nuestra existencia está entrelazada con la tecnología de formas que antes eran impensables. Desde nuestras actividades en línea hasta nuestros dispositivos inteligentes, cada interacción deja una huella digital que puede ser rastreada y analizada por diversas entidades, desde empresas hasta gobiernos. Es por eso que la privacidad se ha vuelto esencial para proteger nuestra autonomía y dignidad como individuos, ya que las tecnologías de información y comunicación han demostrado que el rastro digital puede perdurar a lo largo del tiempo y en cualquier parte del mundo. Esta situación ya había sido claramente señalada en España en la exposición de motivos de la Ley Orgánica de 1992 sobre la regulación del tratamiento automatizado de los datos de carácter personal:

> El progresivo desarrollo de las técnicas de recolección y almacenamiento de datos y de acceso a los mismos ha expuesto a la privacidad, en efecto, a una amenaza potencial antes desconocida. Nótese que se habla de la privacidad y no de la intimidad: aquélla es más amplia que ésta, pues en tanto la intimidad protege la esfera en que se desarrollan las facetas más singularmente reservadas de la vida de la persona —el domicilio donde realiza su vida cotidiana, las comunicaciones en las que expresa sus sentimientos,

> por ejemplo—, la privacidad constituye un conjunto más amplio, más global de facetas de su personalidad que, aisladamente consideradas, pueden carecer de significación intrínseca pero que, coherentemente enlazadas entre sí, arrojan como precipitado un retrato de la personalidad del individuo que éste tiene derecho a mantener reservado.
>
> Y si la intimidad, en sentido estricto, está suficientemente protegida por las previsiones de los tres primeros párrafos del artículo 18 de la Constitución y por las leyes que los desarrollan, la privacidad puede resultar menoscabada por la utilización de las tecnologías informáticas de tan reciente desarrollo.
>
> Ello es así porque, hasta el presente, las fronteras de la privacidad estaban defendidas por el tiempo y el espacio. El primero procuraba, con su transcurso, que se evanescieran los recuerdos de las actividades ajenas, impidiendo, así, la configuración de una historia lineal e ininterrumpida de la persona; el segundo, con la distancia que imponía, hasta hace poco difícilmente superable, impedía que tuviésemos conocimiento de los hechos que, protagonizados por los demás, hubieran tenido lugar lejos de donde nos hallábamos. El tiempo y el espacio operaban, así, como salvaguarda de la privacidad de la persona.[17]

Es en este contexto que el tema de la privacidad ha cobrado mayor trascendencia y se encuentra en el centro de muchos debates jurídicos, políticos, éticos y tecnológicos; sin embargo, cuando nos adentramos a su estudio, nos topamos con una serie de términos que podrían generar confusiones. Es de esta forma que nos encontramos, por ejemplo, con el derecho a la privacidad, a la intimidad, a la autode-

---

[17] «Ley Orgánica 5/1992, de 29 de octubre, de regulación del tratamiento automatizado de los datos de carácter personal», Ministerio de la Presencia, Relaciones con las Cortes y Memoria Democrática de España, consultado el 5 de septiembre, 2023, https://www.boe.es/buscar/doc.php?id=BOE-A-1992-24189

terminación informativa o el de la protección de los datos personales, e, incluso, este escenario ha llevado a algunos a hablar del caos de la privacidad.[18]

Si bien no nos detendremos a analizar ni adentrarnos en la discusión jurídica y filosófica sobre este tema, trataremos de sintetizar algunos rasgos conceptuales del derecho a la privacidad y el derecho a la protección de los datos personales.

Podemos comenzar con la noción que se ha construido desde la Suprema Corte de Justicia de la Nación que ha entendido el derecho a la privacidad como una garantía consistente en el ámbito de la vida privada personal y familiar del individuo en que nadie puede interferir, es decir, es el derecho de que ciertos aspectos de la vida de un individuo queden fuera del conocimiento o de la intromisión de los demás, lo cual no se limita solo a un espacio físico, sino que va más allá y se refiere a cualquier interferencia o molestia que se provoque en el dominio reservado a la vida personal, a ese espacio que concierne solo a la persona y que le permite potencializar su individualidad, autonomía y libertad. Asimismo, lo define como "un derecho fundamental consistente en la facultad que tienen los individuos para no ser interferidos o molestados por persona o entidad alguna, en todo aquello que pertenece a su esfera íntima y que desean compartir únicamente con quienes ellos eligen".[19]

---

18 Cfr. Manuel Toscano, «Sobre el concepto de privacidad: la relación entre privacidad e intimidad», *ISEGORÍA. Revista de Filosofía Moral y Política,* N.º 57, (julio-diciembre, 2017), 534-535.

19 «Amparo Directo en Revisión 2944/2017», Suprema Corte de Justicia de la Nación, Dirección General de Derechos Humanos, México, consultado el 28 de agosto, 2023, Resumen ADR2944-2017 DGDH. pdf (scjn.gob.mx)

Desde este mirador, el derecho a la privacidad supone la facultad del individuo de publicar o compartir su información personal con quien lo desee, es decir, se trata de concebir la protección de los datos personales como un derecho a controlar la utilización y los fines para los que se utilizan los datos personales. Esta concepción de la privacidad como salvaguarda de dicha información se ha ido desarrollando con el paso del tiempo y poco a poco va configurando un derecho independiente a la protección de los datos personales, y, como muestra, basta ver su evolución en algunos instrumentos normativos de carácter internacional.

La Declaración Universal de los Derechos del Hombre del 10 de diciembre de 1948, en su artículo 12,[20] establece el derecho de toda persona a no ser objeto de injerencias arbitrarias en su vida privada, su familia, su domicilio o su correspondencia ni de ataques a su honra o a su reputación, algo muy similar a lo que el Pacto Internacional de Derechos Civiles y Políticos[21] de 1966 establece en su artículo 17.

Cabe recalcar que en ninguno de estos instrumentos se hace referencia como tal a un derecho a la protección de los datos personales, debido a que no se concebía ni se configuraba expresamente como un derecho autónomo, sino, por el contrario, su evolución fue de manera gradual y surgiendo, sobre todo, ante la preocupación del peligro que podrían representar las tecnologías de información para la

---

20 Declaración Universal de los Derechos Humanos, consultado el 25 de agosto, 2023, https://www.un.org/es/about-us/universal-declaration-of-human-rights

21 Pacto Internacional de Derechos Civiles y Políticos, consultado el 3 de septiembre, 2023, https://www.ohchr.org/es/instruments-mechanisms/instruments/international-covenant-civil-and-political-rights

privacidad e intimidad de las personas.[22] En Europa, en la década de los años 70 surgieron en Alemania (1977), Francia (1978) Austria (1978) y Luxemburgo (1979) las primeras leyes de protección de datos personales.

Por otro lado, El Convenio 108 del Consejo de Europa[23] de 1981 sobre la protección de las personas con respecto al tratamiento automatizado de datos de carácter personal constituye el primer instrumento vinculante que configura los principios de este derecho, definiendo en su artículo 2 como datos personales a cualquier información relativa a una persona física identificada o identificable (persona concernida).

Por su parte, en la Directiva 95/46/CE[24] del Parlamento y del Consejo Europeos, de 1995, relativa a la protección de datos personales, se refiere a ellos como toda información sobre una persona física identificada o identificable (el interesado). En este tenor, se considerará identificable a todo individuo cuya identidad pueda determinarse, directa o indirectamente, en particular mediante un número de identificación o uno o varios elementos específicos, caracte-

---

22 En 1967 el Consejo de Europa constituyó una Comisión Consultiva para estudiar las tecnologías de información de la que surgieron algunas resoluciones que posteriormente servirían como base del Convenio 108.

23 «Convenio 108 del Consejo de Europa Para la Protección de las Personas con Respecto al Tratamiento Automatizado de Datos», consultado el 25 de agosto, 2023, https://inicio.inai.org.mx/Estudios/B.28-cp–CONVENIO-N-1o–108-DEL-CONSEJO-DE-EUROPA.pdf

24 «Directiva 95/46/CE del Parlamento Europeo y del Consejo, de 24 de octubre de 1995, relativa a la protección de las personas físicas en lo que respeta al tratamiento de datos personales y a la libre circulación de estos datos», Parlamento Europeo, consultado el 3 de septiembre, 2023, https://www.boe.es/buscar/doc.php?id=DOUE-L-1995-81678

rísticos de su personalidad física, fisiológica, psíquica, económica, cultural o social.

En este aspecto, la Carta de los Derechos Fundamentales de la Unión Europea,[25] del 7 de diciembre de 2000, en los artículos 7 y 8, reconoce el derecho a la vida privada y el derecho a la protección de datos de carácter personal como dos derechos independientes.

Por otra parte, el Reglamento 2016/679[26] del Parlamento Europeo y del Consejo, del 27 de abril de 2016, relativo a la protección de las personas físicas en lo que respecta al tratamiento y a la libre circulación de datos personales (RGPD), define a dichos datos como toda información sobre una persona física identificada o identificable (el interesado).

De lo anterior, podemos rescatar al menos dos cuestiones relevantes: por una parte, que el derecho a la protección de datos personales se configura de manera independiente al derecho que protege la vida privada y familiar, tal como lo ha señalado el Tribunal Constitucional Español en la sentencia 292/2000,[27] en la que establece que el derecho a la intimidad

---

25 «Carta de los Derechos Fundamentales de la Unión Europea», *Diario Oficial de las Comunidades Europeas*, 18 de diciembre, 2000, consultado 3 de agosto, 2023, https://www.europarl.europa.eu/charter/pdf/text_es.pdf

26 «Reglamento General de Protección de Datos», *Diario Oficial de la Unión Europea*, 27 de abril, 2012, consultado el 4 de septiembre, 2023, https://www.boe.es/doue/2016/119/L00001-00088.pdf

27 Pleno. Sentencia 292/2000, de 30 de noviembre de 2000, «Recurso de inconstitucionalidad 1.463/2000. Promovido por el Defensor del Pueblo respecto de los arts. 21.1 y 24.1 y 2 de la Ley Orgánica 15/1999, de 13 de diciembre, de Protección de Datos de Carácter Personal. Vulneración del derecho fundamental a la protección de datos personales. Nulidad parcial de varios preceptos de la Ley Orgánica», Ministerio de la Presidencia, Relaciones con las Cortes y Memoria Democrática de España, consultado el 3 de septiembre, 2023, https://www.boe.es/buscar/doc.php?id=BOE-T-2001-332

tiene como fin la protección frente a cualquier invasión que se realice en la vida personal o familiar y que el individuo quiera excluir del conocimiento de otros. Por otra parte, el derecho a la protección de datos persigue garantizar que la persona tenga un control sobre sus datos personales y sobre su uso y destino, con el fin de impedir su tráfico ilícito y lesivo para la dignidad y derecho del afectado.

Por otro lado, en México, el marco jurídico vigente sobre la protección de datos personales se encuentra reconocido en los artículos 16, párrafo segundo y 6°, apartado A, fracciones II, III y VIII, de la Constitución Política de los Estados Unidos Mexicanos y en la Ley Federal de Protección de Datos Personales en Posesión de los Particulares y la Ley General de Protección de Datos Personales en Posesión de Sujetos Obligados. De esta normativa se deriva, para todas las personas, un derecho que gira en torno a la información que les concierne, los identifica y los hace identificables, así como su acceso, rectificación, cancelación u oposición, como forma de controlar su uso y destino.

Con relación a lo anterior, la Ley General de Protección de Datos Personales en Posesión de Sujetos Obligados define como dato personal a cualquier información concerniente a una persona física identificada o identificable. Se considera que un individuo es identificable cuando su identidad pueda determinarse directa o indirectamente a través de cualquier información, además de que se establece una categoría especial dentro de los llamados datos personales sensibles, que son aquellos que se refieran a la esfera más íntima de su titular o cuya utilización indebida puede dar origen a discriminación o conlleve un riesgo grave para él, como son los datos que pueden revelar aspectos como origen racial o étnico, estado de salud presente o futuro, información genética, creencias religiosas, filosóficas y morales, opiniones políticas y preferencia sexual.

Como se puede observar, el derecho a la protección de los datos personales tiene como finalidad que el sujeto pueda determinar en qué situaciones o contextos decide compartir información. De igual manera, es de destacar que no existe alguna restricción para que los servidores públicos sean titulares de este derecho; sin embargo, como lo vimos en el apartado anterior, existen ciertas limitantes, ya que las mismas disposiciones constitucionales que reconocen dicho derecho establecen cláusulas restrictivas como los derechos de terceros.

Bajo el escenario hasta ahora expuesto tenemos, que el derecho a la privacidad no es un derecho absoluto, ya que se encuentra limitado por otros derechos fundamentales como el de acceso a la información pública, a la libertad de expresión y prensa, así como por los principios de interés público, transparencia y publicidad. Lo anterior representa una prevalencia, en ciertos casos, de publicar información u opiniones (así como para poder consultarlas y difundirlas) por encima de la protección de la información de carácter personal. Así lo ha afirmado la SCJN:

> Al respecto, esta Suprema Corte de Justicia de la Nación ya ha sostenido diversos criterios sobre la relación de la libertad de expresión y el derecho a la información frente a otros derechos humanos para la determinación de su prevalencia en casos particulares, en donde debemos destacar criterios respecto a la libertad de expresión y la presunción de inocencia, el derecho al honor, la vida privada y la propia imagen, la propiedad intelectual, la protección de las víctimas y personas participando en un proceso penal, así como el bienestar y desarrollo de la niñez. Lo anterior implica que cuando existe una publicación en el marco del ejercicio de la libertad de expresión, las responsabilidades ulteriores dependerán —dentro de otros factores— de un análisis ponderativo del interés público que pudiera abarcar la publicación; la notoriedad o proyección pública de la persona involucrada y su conducta; el contenido, forma

> y consecuencias de la publicación; así como la intención de la persona involucrada en la publicación y su diseminación.
>
> Esta Primera Sala considera que estos razonamientos también resultan pertinentes para el análisis de los diversos supuestos de interacción entre la libertad de expresión respecto del derecho a la protección de datos personales, que tiene una especial relevancia para aquellos casos en donde se solicita la cancelación de la información personal, en la inteligencia que esta información puede ser objeto de publicaciones en el ejercicio de la libertad de expresión y la eliminación de dicha información personal puede tener incidencias negativas en el ejercicio de esta libertad.[28]

En este orden de ideas, tenemos que los servidores públicos poseen una esfera de protección de sus datos personales menor que el resto de los ciudadanos, ya sea por exigencias de las leyes de transparencia y acceso a la información, o por la prevalencia de ciertos derechos en casos particulares. A esto le debemos sumar que este derecho, el de la protección de los datos personales, debe ser entendido en el contexto del desarrollo tecnológico actual, lo cual coloca a los servidores públicos en una situación donde deben ser más conscientes de los riesgos e impactos que podrían sufrir en el desarrollo de su autonomía personal o en el ámbito patrimonial y moral, e incluso en las relaciones que, como consumidores, pueden llegar a tener.

En este tenor, en nombre de la transparencia se promueve la publicidad de los actos y actividades de los servidores públicos, lo cual puede traspasar, en muchas ocasiones, al ámbito de sus vidas privadas. Al respecto, cabe

---

28 «AMPARO EN REVISIÓN 341/2022, Secretaría General de Acuerdos | Sentencias y Datos de Expedientes | Suprema Corte de Justicia de la Nación», consultado el 5 de septiembre, 2023, https://www2.scjn.gob.mx/ConsultaTematica/PaginasPub/DetallePub.aspx?AsuntoID=299426

recordar las palabras de Owen Fiss: "La democracia pugna por una visibilidad cada vez mayor de los servidores públicos, todo en nombre de la rendición de cuentas",[29] lo cual continúa señalando podría constituir un problema específico para la democracia, ya que la visibilidad que existe del Estado hacia los ciudadanos se invierte, para ser ahora los ciudadanos quienes tienen el poder de ver y observar a los gobernantes.

No obstante, en la realidad las personas desvían su atención de los asuntos importantes para enfocarse en los detalles íntimos de la vida de los servidores públicos, a lo que el citado autor le suma el rol de algunos medios de comunicación masiva que, guiados por la lógica del mercado para conseguir más audiencias, buscan el escándalo e indagar en la vida íntima de los servidores públicos y pone como ejemplo el caso Lewinsky, ocurrido durante la administración del ex presidente de Estados Unidos, Bill Clinton. En este sentido, para Fiss, la tendencia hacia la exposición pública de los actos privados de los servidores públicos se ha incrementado gracias a los medios de comunicación en línea, quienes someten a los servidores públicos a un nivel de escrutinio sin precedentes.[30]

Como podemos observar, el equilibrio entre la privacidad y la transparencia es un desafío constante, pues los ciudadanos tienen derecho a saber cómo se están utilizando los recursos públicos y si los servidores gubernamentales están actuando de manera ética y legal. Sin embargo, esto no significa que todos los aspectos de la vida de un servidor

---

29 Owen Fiss, «¿Tienen los servidores públicos derecho a la intimidad?», *Más allá del acceso a la información. Transparencia, rendición de cuentas y Estado de derecho,* coord. John Ackerman, (México: Siglo XXI, 2008), 315.

30 Fiss, «¿Tienen los servidores públicos derecho a la intimidad?», 316-317

público deban ser de dominio público. El desafío radica en encontrar el equilibrio adecuado que proteja la privacidad individual sin comprometer la integridad y la eficacia de las instituciones. Este balance es esencial para el buen funcionamiento de una sociedad democrática, sobre todo, en un contexto donde la irrupción tecnológica puede acarrear intromisiones ilegales en la esfera privada de los servidores públicos.

IV. BUENAS PRÁCTICAS PARA LA PROTECCIÓN DE LOS DATOS PERSONALES EN REDES SOCIALES POR PARTE DE PERSONAS JUZGADORAS

Como hemos mencionado, en la era digital las redes sociales se han convertido en una parte integral de la vida cotidiana de muchas personas, incluidos los jueces que desempeñan un papel fundamental en el sistema de justicia. Si bien dichas redes sociales ofrecen oportunidades para la comunicación y la interacción, también plantean desafíos significativos cuando se trata de la independencia judicial, la imparcialidad, la ética y la privacidad de los servidores públicos, entre los que se encuentran las personas juzgadoras.

En ese tenor, si bien es cierto que la irrupción tecnológica ha acarreado diversos retos para la protección de la esfera privada e íntima de los individuos, también lo es que las amenazas no se agotan en las capacidades intrusivas de estas tecnologías, pues los desafíos también emanan de los intereses de los poderes económicos del mercado y de las actividades ilegales que buscan apropiarse de manera indebida de la información personal con fines delictivos o dañinos, lo que muchas veces no solo implica una dificultad para la protección de los derechos fundamentales que tutelan la privacidad del individuo, sino un peligro al propio sistema democrático.

En este sentido, las nuevas tecnologías que utilizan inteligencia artificial se alimentan de datos y de instrumentos para predecir comportamientos que utilizan la clasificación y el perfilado a través de los rasgos de personalidad, el estado de ánimo, las opiniones políticas y otras categorías especiales de datos. Esto abre la puerta a que las campañas de desinformación y propaganda se beneficien de la gran cantidad de datos que las plataformas o redes sociales tienen de sus usuarios para que, a través de la segmentación y el *microtargeting*, aumente la efectividad e impacto de las campañas de desinformación.[31] Un caso que sirve como ejemplo de lo expuesto es el escándalo que involucró a la compañía Cambridge Analytica en la recolección ilegal de datos de millones de usuarios de Facebook, con fines de perfilado y segmentación para influir en las elecciones de los votantes.

Si bien es cierto que el mundo digital representa un riesgo para cualquier persona, también, lo es que constituye un espacio para nutrir el debate público, en el que los funcionarios y jueces, por supuesto, tienen, como cualquier ciudadano, derecho a la utilización de redes sociales; sin embargo, la prudencia es un elemento indispensable en su actuar, ya que podrían enfrentar el desafío de discernir entre las críticas legítimas y las expresiones sin fundamento en las redes sociales, lo cual puede afectar la confianza en el poder judicial. A veces, responder a comentarios en línea es necesario para preservar esta confianza, pero debe hacerse con prudencia y evitando respuestas personales que puedan

---

31 *Cfr.* Juan Pablo Villar García et al., «Strategic communications as a key factor in countering hybrid threats», reporte, European Parliamentary Research Service, (abril, 2021), 27.

comprometer la ética y la ley. Además, es esencial que tanto los poderes judiciales como los jueces cuenten con expertos en redes sociales y ética judicial para orientar sus interacciones en línea. Los jueces tienen derecho a utilizar las redes sociales en su vida privada, siempre y cuando cumplan con las normas éticas y legales establecidas para su cargo.

En este contexto, las personas juzgadoras, al interactuar en redes sociales, deben ser cuidadosas, no solo al tratar asuntos legales o para evitar divulgar información confidencial o detalles de casos pendientes en sus perfiles públicos de redes sociales, sino con la propia información personal que pueden involucrar, ya que, al ser servidores públicos, no debemos olvidar que el revelar parte de sus datos personales es un deber y una obligación en materia de transparencia, y si esa información es alimentada o sumada a aquella que recopilan las TIC, podrían crearse perfiles más exactos sobre este tipo de personas.

La exposición pública de los funcionarios públicos, como sería el caso de los jueces, a través de las redes sociales, se suma a la exposición que tienen por las funciones que desempeñan dentro del Estado, lo cual puede comprometer la privacidad y confidencialidad de su información personal, y en ciertas situaciones, una serie de riesgos que podrían comprometer su imparcialidad y su integridad.

De esta forma, a manera de conclusión, exponemos las consideraciones que deben tener en general las personas juzgadoras al hacer uso de las redes sociales para preservar su privacidad:

1. Revisar y ajustar la configuración de privacidad: antes de publicar cualquier contenido en redes sociales es fundamental revisar y ajustar la configuración de privacidad del perfil.

2. Limitar la información personal: evitar publicar datos personales como su dirección, número de teléfono o detalles sobre su vida cotidiana en sus perfiles de redes sociales.
3. Ser consciente de las amistades en línea: ser selectivo al aceptar solicitudes de amistad o conexiones en sus redes sociales. Es importante tener en cuenta que las personas podrían acceder a información personal.
4. Evitar discutir casos legales en curso: no comentar ni discutir casos legales en curso en sus perfiles de redes sociales, pues esto podría ser interpretado como una falta de imparcialidad o incluso una violación de la confidencialidad.
5. Ser cuidadoso con las opiniones personales: evitar expresar opiniones políticas o personales controvertidas en línea, ya que esto podría comprometer la imparcialidad, además de eludir conductas que pudieran llegar a ser vergonzosas o inadecuadas, de llegar a ser de conocimiento público.
6. No revelar su ubicación en tiempo real: ser conscientes que la geolocalización puede poner en riesgo a uno mismo y a los familiares; por ello, es importante desactivar la función de geolocalización en sus publicaciones para evitar que otros rastreen su ubicación en tiempo real.
7. Eliminar etiquetas no deseadas: si otros usuarios etiquetan en fotos o publicaciones que considere inapropiadas o que afecten su privacidad, eliminar dichas etiquetas o pedir a la persona que las elimine.
8. Mantener una comunicación profesional: la participación en debates legales o temas relacionados con

la justicia en redes sociales debe ser manera profesional y respetuosa.

9. Educación y capacitación: concientizarse sobre la importancia de mantener la confidencialidad y la privacidad en línea con relación a la actividad que realiza.

V. BIBLIOGRAFÍA

«Amparo Directo en Revisión 2944/2017», Suprema Corte de Justicia de la Nación, Dirección General de Derechos Humanos, México, consultado el 28 de agosto, 2023. Resumen ADR2944-2017 DGDH.pdf (scjn.gob.mx)

«Amparo en Revisión 341/2022», Secretaría General de Acuerdos | Sentencias y Datos de Expedientes | Suprema Corte de Justicia de la Nación, consultado el 5 de septiembre, 2023, https://www2.scjn.gob.mx/ConsultaTematica/PaginasPub/DetallePub.aspx?AsuntoID=299426

Bobbio, Norberto, *El futuro de la democracia,* México: Fondo de Cultura Económica, 3ª ed., 2001

Bobbio, Norberto, *Teoría general de la política,* Madrid: Trotta, 2005.

Carbonell, Miguel, *El régimen constitucional de la transparencia,* México: IIJ-UNAM, 2008.

«Carta de los Derechos Fundamentales de la Unión Europea», *Diario Oficial de las Comunidades Europeas,* 18 de diciembre, 2000, consultado 3 de agosto, 2023, https://www.europarl.europa.eu/charter/pdf/text_es.pdf

«Convenio 108 del Consejo de Europa Para la Protección de las Personas con Respecto al Tratamiento Automatizado de Datos», consultado el 25 de agosto, 2023, https://

inicio.inai.org.mx/Estudios/B.28-cp–CONVENIO-N-1o--108-DEL-CONSEJO-DE-EUROPA.pdf

«Declaración Universal de los Derechos Humanos», consultado el 25 de agosto, 2023, https://www.un.org/es/about-us/universal-declaration-of-human-rights

DEL Diccionario de la Lengua Española, «transparente», consultado el 3 de septiembre, 2023, transparente | Definición | Diccionario de la lengua española | RAE-ASALE.

«Directiva 95/46/CE del Parlamento Europeo y del Consejo, de 24 de octubre de 1995, relativa a la protección de las personas físicas en lo que respeta al tratamiento de datos personales y a la libre circulación de estos datos», Ministerio de la Presencia, Relaciones con las Cortes y Memoria Democrática de España, consultado el 3 de septiembre, 2023, https://www.boe.es/buscar/doc.php?id=DOUE-L-1995-81678

Fiss, Owen, «¿Tienen los servidores públicos derecho a la intimidad?», *Más allá del acceso a la información. Transparencia, rendición de cuentas y Estado de derecho,* coord. John Ackerman, México: Siglo XXI, 2008.

Häberle, Peter, *Tiempo y Constitución. Ámbito público y jurisdicción constitucional,* Lima: Palestra Editores, 2017.

«Ley Orgánica 5/1992, de 29 de octubre, de regulación del tratamiento automatizado de los datos de carácter personal», Ministerio de la Presencia, Relaciones con las Cortes y Memoria Democrática de España, consultado el 5 de septiembre, 2023, https://www.boe.es/buscar/doc.php?id=BOE-A-1992-24189

Merino, Mauricio, *Transparencia: libros, autores e ideas,* México: IFAI-CIDE, 2005.

«Pacto Internacional de Derechos Civiles y Políticos», ONU, consultado el 3 de septiembre, 2023, https://www.ohchr.org/es/instruments-mechanisms/instruments/international-covenant-civil-and-political-rights

Plataforma Nacional de Transparencia, consultado el 3 de septiembre, 2023, https://www.plataformadetransparencia.org.mx/

Pleno. «Sentencia 292/2000, de 30 de noviembre de 2000. Recurso de inconstitucionalidad 1.463/2000. Promovido por el Defensor del Pueblo respecto de los arts. 21.1 y 24.1 y 2 de la Ley Orgánica 15/1999, de 13 de diciembre, de Protección de Datos de Carácter Personal. Vulneración del derecho fundamental a la protección de datos personales. Nulidad parcial de varios preceptos de la Ley Orgánica», Ministerio de la Presidencia, Relaciones con las Cortes y Memoria Democrática de España, consultado el 3 de septiembre, 2023, https://www.boe.es/buscar/doc.php?id=BOE-T-2001-332

«Reglamento General de Protección de Datos», *Diario Oficial de la Unión Europea,* 27 de abril, 2012, consultado el 4 de septiembre, 2023, https://www.boe.es/doue/2016/119/L00001-00088.pdf

Rodríguez Zepeda, Jesús, *Estado y transparencia: un paseo por la filosofía política,* México: IFAI, 2007.

Schedler, Andreas, «Ideas para desordenar las ideas», *Transparencia: libros, autores e ideas,* coord. Mauricio Merino, México: IFAI-CIDE, 2005.

Toscano, Manuel, «Sobre el concepto de privacidad: la relación entre privacidad e intimidad», *ISEGORÍA. Revista de Filosofía Moral y Política,* N.º 57, julio-diciembre, 2017.

Ugalde, Luis Carlos, *Rendición de cuentas y democracia. El caso de México,* México: IFE, 2002.

Villanueva, Ernesto, «Aproximaciones conceptuales a la idea de transparencia», *Transparencia: libros, autores e ideas,* coord. Mauricio Merino, México: IFAI-CIDE, 2005.

Villar García, Juan Pablo et al., «Strategic communications as a key factor in countering hybrid threats», European Parliamentary Research Service, abril, 2021.

ETHOS JUDICIAL Y REDES SOCIALES (ACERCA DEL USO ÉTICO DE LAS REDES POR PARTE DE LAS PERSONAS JUZGADORAS)

Juan Carlos Barrios Lira*

SUMARIO. I. CONTEXTO COMO PUNTO DE PARTIDA: ¿SOCIEDAD DE LA INFORMACIÓN Y TRANSPARENCIA? II. DIGNIDAD DEL ENCARGO JUDICIAL: «¿PUEDEN LAS MALAS PERSONAS SER BUENOS JUECES?» III. EL USO DE REDES SOCIALES POR PARTE DE LAS PERSONAS JUZGADORAS. IV. BIBLIOGRAFÍA

El «rostro humano» con su valor cultural hace tiempo que ha desaparecido de la fotografía. La época de Facebook y Photoshop hace del «rostro humano» una faz que se disuelve por entero en su valor de exposición. La faz (*face*) es el rostro expuesto sin «aura de la mirada». Es la forma de mercancía del «rostro humano».

En la sociedad expuesta, cada sujeto es su propio objeto de publicidad. Todo se mide en su valor de exposición. La sociedad expuesta es una sociedad pornográfica.

Byung-Chul Han, *La sociedad de la transparencia*[1]

A partir de entonces [del siglo XIV], se ha hablado de dos cualidades que han de distinguir a quién tiene por función juzgar en la sociedad: una se refiere a la preparación técnica y otra a sus prendas morales. Las dos integran la *imagen pública* de respeto, también llamada honor, reputación, fama, decoro, autoridad, dignidad y prestigio.

Salvador Cárdenas, *El juez y su imagen pública.*[2]

---

* Profesor de Filosofía del Derecho y Ética Profesional del Jurista en la División de Universidad Abierta de la Facultad de Derecho de la UNAM. Correo: jcbarriosl@derecho.unam.mx

1 Byung-Chul Han, *La sociedad de la transparencia*, trad. Raúl Gabás, (Madrid: Herder, 2021), 27 y 29.

2 Salvador Cárdenas, *El juez y su imagen pública. Una historia de la judicatura mexicana*, (México: SCJN, 2006), XIII-XIV.

I. CONTEXTO COMO PUNTO DE PARTIDA: ¿SOCIEDAD DE LA INFORMACIÓN Y TRANSPARENCIA?

A finales de la década de los 40, George Orwell plantearía una de las críticas más contundentes a los sistemas políticos totalitarios (sin importar banderas y colores, para evitar interpretaciones a modo) desde la genialidad de su pluma literaria. La imagen de la sociedad distópica que en aquel momento plasmó en su obra *1984* ha tenido eco en distintos ámbitos, incluso en aquellos que aparentemente son inconscientes del origen de sus alegorías. Una de esas repercusiones, la que puede ser quizá más sorprendente, es la que proyecta la propia realidad de nuestro tiempo.

En este sentido, mientras que Orwell hablaba de telepantallas, de policía del pensamiento o de una vida permanentemente observada con miras a evitar algún posible disenso, nuestro tiempo muestra la realidad de los mecanismos de monitoreo y de una vigilancia permanente (no solo aceptada, sino demandada), que es "justificada" por la pretensión de seguridad ante un mundo que se ha enfatizado como violento.

Frente a esta realidad, desde comienzos de este siglo han ido en aumento las voces que advierten sobre los riesgos de un "mundo vigilado",[3] los cuales se acentúan, sobre todo, en torno a su impacto sobre derechos y libertades. Hoy, el análisis teórico, como la crítica de Orwell, correlaciona a la cercanía de este tipo de vigilancia con el ejercicio de un poder totalitario, el beneficio de ciertos intereses particulares y la lógica de un sistema deshumanizado.

---

3 Véase: Armand Mattelart, *Un mundo vigilado,* trad. Gilles Multigner, (Barcelona: Paidós, 2009).

Sin embargo, la idea de este tipo de vigilancia tiene precedentes que fueron postulados como una herramienta constructiva. En el orden de la seguridad a la que se apela hoy, es decir, la aceptación cotidiana de la vigilancia, Jeremy Bentham formuló a finales del siglo XVIII el modelo del panóptico, un sistema arquitectónico que permitía la vigilancia permanente (al menos en la percepción de los vigilados) y especialmente versátil para conseguir este fin en distintos ámbitos:

> No importa cuán distinto o incluso contrapuesto sea el propósito de dicho establecimiento: ya sea castigar a los incorregibles, vigilar a los dementes, reformar a los viciosos, confinar a los sospechosos, emplear a los ociosos, mantener a los necesitados, curar a los enfermos, instruir a los voluntariosos en cualquier rama de la industria o iniciar a la estirpe venidera en el camino de la educación: en una palabra, puede ponerse al servicio de distintos usos, ya sea el de la prisión perpetua, prisión preventiva, penitenciaría, correccional, asilo de pobres, fábrica, manicomio, hospital o escuela.
>
> En todos estos ejemplos, es obvio que cuanto más constante sea la vigilancia de los vigilantes sobre las personas confinadas, más felizmente se habrá logrado el objetivo de la institución. Lo ideal, lo perfecto, sería que cada persona fuera vigilada a todas horas. Ya que esto es imposible, lo siguiente a lo que se debe aspirar es a que en todo momento el recluso tenga razones para creerse vigilado y sea incapaz de tener pruebas de lo contrario.[4]

El contraste entre ambos discursos sobre este tipo de "vigilancia permanente", el que postuló Bentham como útil a la sociedad, y el que critican Orwell y Mattelart como atentatorio de libertades, estriba quizá en el sujeto sobre el que

---

4 Jeremy Bentham, *Panóptico,* trad. David Cruz Acevedo, (Madrid: Círculo de Bellas Artes, 2011), 40.

recae la vigilancia. Lo que sucede, como era de esperarse, es que el panóptico invirtió su dirección o, mejor, desdibujó borrosa e intencionalmente la caracterización de los sujetos hacia los que iba destinado. Este tipo de vigilancia ya no se direcciona hacia los *outsiders,*[5] sino a la sociedad en su conjunto,[6] en la medida que cualquiera puede, en cualquier momento, entrar en la categoría de *outsider.*

Por otro lado, en el contexto histórico de Bentham, este sistema de control exigía plantearse un modelo arquitectónico físico. En la época de los desarrollos tecnológicos actuales, el diseño arquitectónico se traslada al mundo de la virtualidad. No es necesaria la construcción de un edificio

---

5 En el sentido negativo de la desviación referido por Howard Becker, *Outsiders hacia una sociología de la desviación,* (Buenos Aires: Siglo XXI, 2009).

6 Este cambio, como advierte Mattelart, es estudiado como un tránsito de la "sociedad disciplinaria" a la "sociedad de seguridad", por Michel Foucault: "Desde la visión panóptica centrada en la vigilancia como adiestramiento del cuerpo para lograr la educación del alma, Foucault se desliza hacia otro paradigma, la «biopolítica» y su proyecto de «sociedad de seguridad». Un proyecto que se confunde con el del liberalismo. [...] Con el proyecto de sociedad liberal aparece un nuevo arte de gobernar, una nueva racionalidad gubernamental, que tiene en cuenta a la masa, la especie humana, la multiplicidad, el «público». [...] A diferencia de la sociedad disciplinaria, que se ejerce sobre los cuerpos, la sociedad de seguridad se ejerce sobre el conjunto de la sociedad, la «vida de los hombres». [...] La primera es centrípeta; el individuo, encerrado en su alvéolo, que es visto pero que no ve. [...] La segunda es centrífuga; rompe el aislamiento; su modo de comunicación ensancha el horizonte físico y mental; [...] la paradoja de la sociedad de la seguridad reside en que, con el paso de las generaciones técnicas, está llamada a liberar las fuerzas virtuales de los flujos de comunicación, al tiempo que no ceja en poner freno a sus virtudes emancipadoras so pretexto de razón de Estado o lógicas de mercado. La sociedad de la seguridad no elimina a la sociedad disciplinaria. La integra, la completa, sin suprimirla". Mattelart, *Un mundo vigilado,* 19-20.

cuando se cuenta con una red global de información y su potencial metaverso.

No obstante, justo en nuestro contexto (tecnológico, dinámico y abierto), la idea de vigilancia y control han adquirido un cariz negativo. En el ámbito de la reafirmación de libertades y la cultura de los derechos, vigilar y controlar resuenan como amenaza para la dinámica de una sociedad libre y plural, sobre todo, porque se asume una dirección específica respecto de quién ejerce la vigilancia/control (el gobierno, el Estado) y quién es vigilado/controlado (la sociedad, el ciudadano).

Por ello, frente al discurso del control y la vigilancia, hoy se erigen nuevos términos que se refieren al mismo fenómeno, pero invierten la relación vigilante-vigilado para hacer de la acción algo legítimo. Hoy se habla de "transparencia" y "rendición de cuentas" como un nuevo discurso que corrige la dirección de la relación y que reivindica y coloca el poder donde siempre debió haber estado.

En la agenda internacional de las sociedades actuales, la transparencia y la rendición de cuentas, asociadas al derecho a la información como presupuesto, se erigen en una tríada indispensable para luchar contra la corrupción, así como para fortalecer a la democracia y consolidar el Estado constitucional de Derecho.[7] Este rumbo es también asumido en las agendas nacionales de cada Estado.

Sin embargo, en el marco de esta nueva narrativa políticamente correcta surgen otros riesgos, sobre todo, al

---

7 Convención de las Naciones Unidas contra la Corrupción, Nueva York, (2003), especialmente párrafo 11 del preámbulo, así como los artículos 1, inciso C); 5.1; 10, y 13, consultado el 36 de agosto, 2023, https://www.unodc.org/pdf/corruption/publications_unodc_convention-s.pdf

considerar, por un lado, que la vigilancia permanente (en su dirección original) no fue eliminada, sino más bien incorporada, extendida y desenfocada discursivamente para legitimar su existencia bajo el rubro de seguridad.[8] Por otro lado, el vertiginoso desarrollo tecnológico que caracteriza nuestro tiempo no solo impacta en la construcción de un panóptico digital, sino, fundamentalmente, en la forma como viven las personas en una "sociedad de la información y la transparencia".

I.1. Alud informativo y déficit de sentido

En su libro *La sociedad de la transparencia*,[9] Byung-Chul Han advierte el sesgo negativo que puede contener un entendimiento y despliegue de la transparencia como el que las sociedades actuales proyectan, esencialmente porque, en el contexto tecnológico que se vive, dicha transparencia termina por vaciar de sentido lo mostrado y por hacer equivalente valorativamente todo contenido, decantándose hacia la mera exposición. Para Byung-Chul Han, la sociedad de la transparencia es fundamentalmente una sociedad de la exposición.

Bajo esta interpretación; la transparencia no es tanto una exigencia de rendición de cuentas en sentido unidireccional (esto es, por usar una expresión común, "de los gobernantes hacia los gobernados"), sino, sobre todo, un paradigma que permea la dinámica social y, en esto, las redes sociales juegan un papel central. Sin embargo, entender

---

[8] Esta cuestión, que, como se mencionó, no será abordada aquí, ha sido históricamente estudiada por Foucault. Michel Foucault, *Nacimiento de la biopolítica. Curso en el Collège de France (1978-1979)*, trad. Horacio Pons, (Buenos Aires: FCE, 2007).

[9] Han, *La sociedad.*

el vaciamiento de sentido puede ser más claro a través de una metáfora como la que, con otras intenciones, formuló Octavio Paz: "La mucha luz es como la mucha sombra: no deja ver".[10]

Si la sociedad de la transparencia, como afirma Han, termina por vaciarse de sentido, es esencialmente porque tiene por presupuesto otra característica asumida como distintiva de nuestro tiempo: la apertura global de la información. ¿Qué de malo tiene la información, si incluso el acceso a la misma ha sido reivindicado como un derecho humano? En efecto, es un "hecho" admitido que la transparencia y el acceso a la información son dos notas que se vuelven principios orientadores de toda sociedad, porque constituyen requisitos para el ejercicio de una ciudadanía responsable, crítica y soberana.

No obstante, se deja de lado que estos principios actúan en un contexto socio-económico y político específico, situado, además, en un tiempo de vertiginosos desarrollos tecnológicos que potencian el alud informativo y cierto tipo de información. Ya bajo esta premisa, la sociedad de la transparencia de Han se entrelaza en maridaje con lo que otros denominan la "era de la información".[11]

En esta era, como apunta Williams (y sugiere Paz en su metáfora), la producción informativa potenciada por nuestro ambiente tecnológico y de comunicaciones es de

---

10 Octavio Paz, "La mirada anterior. Prólogo", *Las enseñanzas de Don Juan*, Carlos Castaneda, trad. Juan Tovar, (México: FCE, 2013), 17.

11 Seguiré brevemente la interesante crítica que realiza James Williams a la denominada "era de la información", compartiendo su diagnóstico sobre su impacto negativo en otro recurso finito: la atención. Véase: James Williams, *Clics contra la humanidad. Libertad y resistencia en la era de la distracción tecnológica*, trad. Álex Gibert, (Madrid: Gatopardo Ensayo, 3ª edición, 2021).

tal magnitud que llega a producir un efecto contrario al buscado. Si la información supone la creación de un saber de manera natural, el cual es un elemento que empodera y permite ver, la producción desbordante y desbordada de información más bien incapacita (frente a la imposibilidad de procesamiento derivada del recurso limitado de atención)[12] y ciega: "el mayor riesgo que entraña esta abundancia informativa no es la simple absorción o polarización de la atención, como cuando la información era un recurso finito y cuantificable, sino la pérdida de control que genera en los procesos de atención".[13]

Es por esta razón que el alud informativo, connatural al ambiente tecnológico y de comunicaciones que hoy vivimos, tiene como efecto la desinformación y la sombra, o, como piensa Han, una transparencia vaciada de sentido y vinculada a la mera exposición que no necesita (y de hecho impide en sí) un procesamiento crítico y que se agota en la expresión mínima de un *like*:

> La coacción de la exposición explota lo visible. La superficie brillante es a su manera transparente. No se le pregunta más allá de eso. No tiene ninguna estructura hermenéutica profunda. También la faz es el rostro hecho transparente, que aspira a la maximización del valor de exposición [...]. El imperativo de la transparencia hace sospechoso todo lo que no se somete a la visibilidad. En eso consiste su violencia.
>
> La comunicación visual se realiza hoy como contagio, desahogo o reflejo. Le falta toda reflexión estética. Su estetización es, en definitiva, anestésica. Por ejemplo, para el «me gusta» como juicio de gusto, no se requiere ninguna

---

12 "Lo que realmente importa es si la cantidad de información se sitúa por encima o por debajo del umbral que el ser humano es capaz de procesar adecuadamente, dadas sus actuales limitaciones". Williams, *Clics contra la humanidad*, 31.

13 Williams, *Clics contra la humanidad*, 31-32.

> contemplación que se demore [...]. La hipercomunicación anestésica reduce la complejidad para acelerarse. Es esencialmente más rápida que la comunicación de sentido. Este es lento. Es un obstáculo para los círculos acelerados de la información y comunicación. Así, la transparencia va unida a un *vacío de sentido.*[14]

¿Supone esto que la transparencia y el alud informativo es algo negativo? No necesariamente. Williams, por ejemplo, advierte que de lo que se trata es de autorregulación,[15] así como de dimensionar, más allá de una narrativa políticamente correcta, de manera integral y con sus claro-oscuros, el contexto en que actúan las redes sociales y en el que se plantea su uso por parte de agentes sociales especialmente relevantes, como son las personas juzgadoras.

I.2. El lugar de las redes sociales en la "sociedad de la transparencia"

Nuestras sociedades, esas denominadas como "de la transparencia" y "de la información", son también de la tecnología y la comunicación (TICs), no solo porque, como se ha advertido, en los últimos años se han presenciado vertiginosos avances tecnológicos, sino, sobre todo, porque dichos avances se han masificado: "Nuestros iPhones son inmensamente más poderosos que el ordenador central de la NASA que colocó astronautas en la Luna y los trajo de vuelta a salvo". [16]

Esta alegoría hace suponer a menudo que el *boom* tecnológico se encuentra a nuestro alcance y servicio en la palma

---

[14] Han, *La sociedad,* 31-32.

[15] Williams, *Clics contra la humanidad,* 32.

[16] Victor Mayer-Schönberger y Kenneth Cukier, *Aprender con big data,* trad. José Adrián Viter, (Madrid: Turner, 2018), 25.

de nuestras manos, además de que proyecta una cierta seguridad (o al menos aspiración) de control sobre los desarrollos que hoy bordean nuevas revoluciones en el campo, como la inteligencia artificial, pues reafirma y enfatiza las potencialidades, pero deja de lado los riesgos y limitaciones.

Justo en la configuración de este tipo de sociedades, una de las formas en que más claramente han impactado los desarrollos tecnológicos en la vida cotidiana es en la generación y uso de redes sociales. No se pretende aquí hacer un estudio de las redes, ni una clara determinación de tipologías que se mencionarán brevemente más adelante. Solo se busca resaltar, como parte del contexto en que se debe reflexionar sobre el uso de las redes, el papel que juegan en la sociedad de la transparencia.

En este sentido, hay que decirlo sin rodeos: las redes sociales son el desarrollo informativo y comunicacional más relevante de nuestro tiempo. Primero, porque permiten un acercamiento masificado e inmediato (directo) a la revolución informativa y comunicacional de nuestro tiempo; segundo, porque generan potencialidades de interconexión que ningún otro mecanismo ha podido igualar; y tercero, porque han reconfigurado la lógica de la vida cotidiana y modificado dinámicas incluso en esferas políticas, económicas y sociales.

Por todo ello, las redes han jugado un papel focal en la configuración de las sociedades transparentes. En el sentido del discurso políticamente correcto que postula el valor y principio de la transparencia, las redes han permitido la visibilización de reivindicaciones legítimas y la apertura al debate de cuestiones fundamentales de interés social e incluso el ejercicio de la razón pública.[17] En el sentido crítico

---

17 Se retoman aquí al menos los tres sentidos que Rawls reconoce a la noción: "como razón de los ciudadanos en cuanto tales, es la razón

que asocia la transparencia a la exposición, las redes han potenciado el alud informativo que favorece la indistinción de contenidos (y lo mismo incorpora, por ejemplo, las *fake news*), la trivialización de temáticas relevantes, el posicionamiento de contenidos vacíos, la dinámica de la mera exposición de la imagen, el *like* sin procesamiento reflexivo, y, en definitiva, el déficit de atención crónico.

En este contexto parece pertinente abordar el empleo de redes sociales y, especialmente, el uso que realizan de ellas las personas que brindan un servicio público tan central como el de la impartición de justicia. La razón de enfatizar este contexto busca no pasar por alto riesgos potenciales respecto de los cuales la exigencia de parámetros éticos puede ser de gran utilidad. En este sentido, vale la pena hacer un paréntesis para dimensionar la relevancia de la función judicial.

II. DIGNIDAD DEL ENCARGO JUDICIAL: «¿PUEDEN LAS MALAS PERSONAS SER BUENOS JUECES?»

Hace más de 20 años el profesor Jorge Malem Seña publicó un artículo que, además de su rigurosidad intelectual, se ha vuelto célebre por su título provocador: «¿Pueden las malas personas ser buenos jueces».[18] En el fondo, como lo

---

del público; su objeto es el bien público y cuestiones de justicia fundamental; y su naturaleza, su contenido, es público, y está dado por los ideales y principios expresados por la concepción de la justicia política". John Rawls, *El Liberalismo político,* trad. Antoni Domènech, (Madrid: Crítica, 1996), 248.

18 Jorge Malem Seña, «¿Pueden las malas personas ser buenos jueces?», *Doxa: Cuadernos de filosofía del derecho,* núm. 24, Alicante, (2001), 379-403, consultado el 23 de agosto, 2023, https://rua.ua.es/dspace/bitstream/10045/10214/1/doxa24_14.pdf#:~:text=Una%20

ha desarrollado también en otros trabajos,[19] el mencionado autor pretende enfatizar la necesidad de un comportamiento ético por parte de las personas que ejercen la función de juzgar, no solo al realizar su labor, sino también en aquellos ámbitos pertenecientes a su vida privada.

En este sentido, existen diversos presupuestos implícitos e intencionadamente abiertos en el provocador título, a través de los cuales Malem busca desglosar históricamente y aclarar comparativamente algunas de estas premisas en su desarrollo, pero, al margen de su enfoque histórico-comparativo y de los pormenores de su argumentación. Lo relevante aquí es la tesis central: la idea de que, para realizar la función de juzgar no solo se requieren habilidades técnico-jurídicas, sino que, además, resulta necesario el despliegue de cierta integridad moral, especialmente por la relevancia que esta función tiene en la actualidad.[20]

De esta forma, es claro que esto no es una invención de Malem o una tesis nacida en el mundo contemporáneo. Aunque en la doctrina parece haber cierto consenso en tor-

---

mala%20persona%20podr%C3%ADa%20llegar,ese%20sentido%2C%20un%20buen%20juez.&text=Que%20una%20mala%20persona%20pueda,conclusi%C3%B3n%20f%C3%A1cilmente%20aceptada%20por%20todos.

19 Cfr. Jorge Malem Seña, *El error judicial y la formación de los jueces*, (Barcelona: Gedisa, 2008); y Jorge Malem Seña, *Los jueces: ideología, política y vida privada*, (México: Instituto de la Judicatura Federal-Tirant lo Blanch, 2017), consultado el 23 de agosto, 2023, https://www.pj.gob.pe/wps/wcm/connect/a128a780408c33dc83e8b76976768c74/Jueces+ideologia.pdf?MOD=AJPERES&CACHEID=a128a780408c33dc83e8b76976768c74

20 Sobre todo, al vincularse con el paradigma kelseniano de garantía jurisdiccional de la Constitución. Cfr. Hans Kelsen, «La garantía jurisdiccional de la Constitución (La Justicia Constitucional)», *Anuario Iberoamericano de Justicia Constitucional*, trad. de Rolando Tamayo y Salmorán, núm. 15, España, (2011), 249-300.

no a la centralidad de la función judicial en el marco de los actuales Estados constitucionales y de derecho,[21] la cual ha variado a lo largo del tiempo,[22] lo cierto es que la exigencia de un cierto perfil judicial se encuentra más bien asociada a la naturaleza y origen de la función.

II.1. La imagen pública de la persona juzgadora: hacia un ethos judicial

La caracterización simbólica de las personas juzgadoras a través de una doble exigencia que abarca tanto lo técnico como lo moral se postula al menos desde la Roma clásica. En las enseñanzas de uno de los más relevantes retóricos romanos, Marco Fabio Quintiliano, se encuentra ya una referencia indirecta en este sentido: "*bonus vir ius, dicendi peritus*" ("hombre de bien, instruido en la elocuencia").[23] La versión latina permite intuir una alusión a un tipo especial de orador, aquel que se vincula con el *ius* y, por tanto, es operador jurídico.

---

21 Solo por remitir un par de ejemplos: Cfr. Rodolfo Luis Vigo, *Constitucionalización y judicialización del derecho. Del Estado de derecho legal al estado de derecho constitucional*, (México Porrúa-UP, 2013); y Manuel Atienza, "Argumentación y Constitución", *Argumentación constitucional. Teoría y práctica*, coords. Manuel Atienza y Rodolfo Luis Vigo (México, Biblioteca Porrúa de Derecho Procesal Constitucional, n. 42, Porrúa-TEPJF-IMDPC, 2011).

22 Malem justo comienza contrastando modelos judiciales que rigieron en diversos momentos. Cfr. Malem Seña, «¿Pueden las malas personas ser buenos jueces?». Para otro contraste de la centralidad de la función judicial véase: Eduardo García de Enterría, *La lengua de los derechos. La formación del Derecho Público europeo tras la Revolución Francesa*, (Madrid: Civitas, 2ª edición, 2001).

23 Marco Fabio Quintiliano, *Instituciones oratorias*, trad. Ignacio Rodríguez y Pedro Sandier, Tomo II, LXII, C1, Madrid: Perlado Páez y Cía., 1916), 287.

De la alusión genérica a cualquier operador jurídico como un "hombre bueno, perito en derecho" (probablemente como primer referente del *advocatus*) fácilmente se puede deslizar la exigencia a las personas encargadas de impartir justicia. En Roma, donde se tiene clara la distinción entre *potestas* y *auctoritas*, la extensión de esta doble característica hacia las personas que ejercen la función jurisdiccional resulta indispensable:

> la *potestas*, entendida como la facultad formal y coactiva de obligar a los gobernados, y la *auctoritas* como el conjunto de cualidades personales por las cuales alguien era obedecido. Para la primera se requería contar con un nombramiento formal de delegación jerárquica; para la segunda, sólo era necesario el buen comportamiento socialmente reconocido y el conocimiento de los textos en los que se contenían el derecho inmemorial y las leyes vigentes. Sabían bien que la potestad o poder, sin autoridad, fácilmente se troca en despotismo e injusticia, y por ello defendieron siempre la imagen de autoridad —ética y epistemológica— del juzgador.[24]

Según Salvador Cárdenas, estos rasgos fueron reafirmados en la Edad Media con la Escuela de los Posglosadores, la cual, al desarrollar el concepto de la *iurisdictio*, destacó el papel ordenador de la persona juzgadora quien, por tanto, no solo debía contar con un criterio jurisdiccional, sino también representar en su persona misma el orden jurídico general desde el cual juzgaba. De ahí que se comenzó a hablar "del honor del juez, de la necesidad de que mantuviera su buena fama y nombradía".[25] Así, para el autor, esta es la simiente de consolidación de lo que él entiende por "imagen pública del juez".[26]

---

24 Cárdenas, «Introducción», XIV.

25 Cárdenas, «Introducción», XIII.

26 "cuando se habla de *imagen pública*, como lo haré a lo largo del presente estudio, estas formas de representación se entienden siempre

Es a partir de la reafirmación de esta imagen pública en la que se finca desde entonces una exigencia permanente de comportamiento hacia las personas juzgadoras, con miras a responder a la dignidad del encargo. Aquí, este aspecto se considerará un elemento sustantivo que guiará la configuración de un determinado *ethos* judicial.

Por otro lado, aunque en cierto periodo, especialmente durante el siglo XIX, la relevancia de la función jurisdiccional y de las personas juzgadoras se vio relegada a ser "la boca muda de la ley",[27] lo cierto es que esta doble exigencia hacia el juez nunca desapareció, sino, por el contrario, la relevancia de la función jurisdiccional en las sociedades actuales hace hoy más vigente este planteamiento.

> En tiempos del Estado de Derecho Constitucional, los Jueces han incrementado necesariamente su poder, en tanto son ellos los encargados de "decir el derecho" en última instancia, pero recordemos que éste ya no está sólo en la ley sino antes y por encima de la misma. [...]
>
> El interrogante consiguiente que surge inmediatamente después de reconocer el poder de los jueces en el Estado de Derecho Constitucional, es qué idoneidades nuevas se les exige a estos jueces con este nuevo papel. La respuesta más evidente es que corresponde pedirles idoneidad ética, o sea, que luzca ante la mirada pública de los que lo conocen aquellos hábitos que luego se pretenderá que estén

---

vinculadas al concepto ético de honorabilidad, pues se refieren a la representación ideal y formal de un cargo o rango social que conlleva ciertas exigencias de respeto y dignidad, así como obligaciones específicas de comportamiento." Cárdenas, «Introducción», 3.

27 Una vez más, la clásica alusión a Montesquieu: "los jueces de la nación, como es sabido, no son ni más ni menos que la boca que pronuncia las palabras de la ley, seres inanimados que no pueden mitigar la fuerza y el rigor de la ley misma". Montesquieu, *Del espíritu de las leyes,* trad. Nicolás Estévanez, (México: Porrúa, 19ª edición, 2013), 151.

presentes al cumplir la función judicial, tales como: integridad, honestidad, responsabilidad, afabilidad, etcétera.[28]

II.2. Legitimidad judicial y confianza de justiciables: ser y parecer

Como ya resulta evidente, la configuración y consolidación de la imagen pública de las personas juzgadoras, que es el sustrato de un determinado *ethos* judicial, tiene un correlato fundado en el reconocimiento y salvaguarda de derechos de los justiciables, lo que dota de sentido a la propia función. Si a los jueces se les plantea desde siempre una exigencia de independencia e imparcialidad, es porque los justiciables tienen el derecho de acceso a la justicia y a un juicio justo (que incluye, desde luego, un debido proceso). Estos derechos le dan razón de ser a la función jurisdiccional misma.

Si esto es así, cabe la pregunta con relación a por qué ha de cuidarse una imagen pública de la persona juzgadora y por qué se vuelve relevante la exigencia de un comportamiento que responda y sea congruente con la dignidad del encargo judicial. La respuesta está asociada a la legitimidad en el ejercicio de un poder estatal.

Según el paradigma político moderno, en las sociedades actuales el ejercicio del poder solo puede realizarse si se encuentra dotado de legitimidad,[29] la cual, en la construcción

---

28 Rodolfo Luis Vigo, «III. Preguntas, objeciones, riesgos y justificación de la Ética Judicial», *Códigos de Ética Judicial, derecho disciplinario y justificación de la ética del Juez*, comps. Juan Díaz Romero, Andrés Ollero Tassara y Rodolfo Luis Vigo, Serie Ética Judicial, n. 19, SCJN, México, (2010), 90-91.

29 Esto no implica que en la antigüedad no existiera exigencia de legitimidad, solo que esta se asociaba a una diversa narrativa, como lo apuntado en relación a la *potestas* y la *auctoritas* romana.

moderna, está esencialmente vinculada a la manifestación libre de la voluntad de quienes integran la sociedad sobre la que recaerá el ejercicio del poder: solo puede limitarse la libertad de alguien (que es la consecuencia implícita en el ejercicio del poder) si ese alguien autónomamente ha dado su consentimiento (racionalmente) para someterse a tal eventual limitación.[30]

Así, esto vincula de lleno la legitimidad de las instituciones gubernamentales con el ejercicio democrático de la sociedad, aunque la institución judicial no se encuentre tan directamente sustentada en la legitimación democrática, como sucede con el legislativo y el ejecutivo:

> Como se sabe, la legitimidad de los poderes Ejecutivo y Legislativo surge a raíz del voto democrático de las mayorías, cosa que no sucede con el Judicial; entonces, surge la pregunta ¿dónde buscar ésta? Pienso que esta legitimidad puede encontrarse en dos puntos. El primero de ellos, sin duda, ha de ser el de una rigurosa argumentación jurídica por parte del juez, esto es, debe dar razones de su actuación el juzgador. El segundo, es la aceptación y puesta en

---

30 "Un principio de acción, una norma o una ley valen entonces como justificados si todos los concernidos han concordado —o por lo menos podrían haber concordado— con este principio de acción, con esta norma, con esta ley en el marco de una situación de deliberación imparcial". Wolfgang Kersting, *Filosofía Política del Contractualismo Moderno,* (México: DAAD-Goethe Institut-UAM Iztapalapa-Plaza y Valdés, 2001), 183. "La exigencia central de un orden [...liberal] parece ser que los individuos [...] puedan ellos mismos articular sus necesidades primigenias y que sólo puedan ser aceptadas como legítimas aquellas regulaciones colectivas que han aprobado voluntariamente". Hans-Peter Müller, «Mercado, Estado y libertad individual. Acerca de la crítica sociológica de las teorías contractualistas individualistas», *La justicia ¿discurso o mercado? Los nuevos enfoques de la teoría contractualista,* comps. Lucian Kern y Hans-Peter Müller, trad. Ernesto Garzón Valdés, (Madrid: Gedisa, 2000), 215.

práctica de una serie de principios y virtudes morales que lo legitimen.[31]

En definitiva, la legitimidad de la función jurisdiccional, desde la antigüedad, está sustentada en las exigencias técnico-epistemológicas y éticas que se han apuntado,[32] y la razón es simple: la legitimidad de la institución judicial se encuentra asociada al grado de confianza que genera la actuación de sus operadores en la ciudadanía, la cual, a su vez, responde al adecuado funcionamiento de la judicatura. Sin embargo, la correcta operabilidad de la judicatura no se agota, según la percepción social, en la mera aplicación de leyes y habilidades técnicas. En este sentido, la visión jurídica clásica, sustentada desde hace siglos, ha sido también reconocida por nuevos desarrollos doctrinarios basados en investigaciones empíricas con enfoque sociológico:

> Tyler y Lind (1992) encontraron que el posicionamiento (en inglés *standing*), la neutralidad y la confianza son los principales factores a partir de los cuales los individuos califican a las autoridades y determinan su legitimidad [...]. El posicionamiento —que implica un trato educado y con respeto— con el que la autoridad trata a las personas envía la señal de que reconoce la pertenencia de un individuo a un grupo y que valora positivamente el estatus de dicho grupo. La neutralidad, por su parte, se refiere a las señales que la autoridad emite para que unos individuos no se sien-

---

31 Javier Saldaña Serrano, *Ética judicial. Virtudes del juzgador,* (México IIJ-UNAm-SCJN, 2007), XXIX.

32 Quizá con la excepción de un cierto periodo, es aquel momento histórico ya referido en el que las personas juzgadoras fueron reducidas a "la boca muda de la ley" y el espectro positivista posterior. Para algunos, como Vigo, en ese contexto perdió relevancia la exigencia ética como punto de legitimación y toda legitimidad se vinculó a la idoneidad técnica. La idea de que las personas juzgadoras "hablan única y exclusivamente por sus sentencias" es evocativa desde esta perspectiva.

> tan menos valiosos que otros por razones de su pertenencia a cierto grupo. Señales como el trato discriminatorio, en cambio, envían una señal de poca neutralidad [...]. La confianza, como tercer factor, es sumamente subjetiva y refiere a la creencia que tiene una persona de que la autoridad va a actuar de buena fe. [...] La idea procesal de justicia a que la legitimidad de las instituciones está estrechamente vinculada con la confianza que las personas tengan hacia estas.[33]

Si esto es así y la legitimidad de la función jurisdiccional depende de la confianza que la sociedad tenga en la judicatura y, por ende, en las personas juzgadoras, se vuelve razonable lo que la ética judicial ha planteado desde hace años: 1) que es indispensable el comportamiento ético de los servidores judiciales, por lo que deben desarrollarse ciertas idoneidades éticas o morales y no solo habilidades técnico-científicas; 2) que el comportamiento ético debe ser realmente desplegado con convicción y compromiso, y no solo al realizar la función; y 3) que este comportamiento ético no solo debe ser real, sino que debe proyectarse, mostrarse y ser percibido por la sociedad de manera indubitable. Es por ello que la ética judicial ha insistido en la relevancia del ser y el parecer: "Es indudable que todo el poder en nuestras sociedades occidentales padece esta crisis de legitimidad y los jueces no estamos al margen de la misma; entonces se requieren medidas excepcionales; [...] por eso, esta idea de que la ética exige no solamente 'ser', sino también 'parecer'".[34]

---

33 Catalina Pérez Correa, «¿Por qué las personas obedecen al derecho?: Desincentivo, normativismo y cumplimiento del derecho», *¿Por qué las personas obedecen al derecho?: Tom Tyler y el cumplimiento del derecho*, (Bogotá: Editorial Universidad de los Andes, 2014), 31 y 33.

34 "Pongo un ejemplo público, que lo verían ustedes en Internet recientemente, no daré nombres, tres ministros de la Corte Suprema

En este sentido, los instrumentos internacionales que determinan los estándares éticos de las personas juzgadoras (y delinean parte del *ethos* judicial) han enfatizado la relevancia de que su comportamiento se proyecte como admisible para un "observador razonable". Es el caso de los denominados Principios de Bangalore adoptados en 2002[35] y del Código Iberoamericano de Ética Judicial de 2006 (reformado en 2014).[36] Este último señala:

> El poder que se confiere a cada juez trae consigo determinadas exigencias que serían inapropiadas para el ciudadano común que ejerce poderes privados; la aceptación de la función judicial lleva consigo beneficios y ventajas, pero también cargas y desventajas. Desde esa perspectiva de una sociedad mandante se comprende que el juez no solo debe preocuparse por "ser", según la dignidad propia del poder conferido, sino también por "parecer", de manera de no suscitar legitimas dudas en la sociedad acerca del modo en el que se cumple el servicio judicial.[37]

---

de Paraguay asistieron a una fiesta de cumpleaños de un famoso senador paraguayo del Partido Colorado; claro, es indudable que si uno se pone en términos jurídicos aparecerá ahí la invocación de la privacidad, ¿cómo me van a inhibir a mí de tener ciertas amistades?, etc. etc., pero aquí es la cuestión del 'parecer' lo que entra en juego. Hoy, de una manera muy visible tenemos que trabajar, no solamente cómo [sic] debemos trabajar, sino también intentar inspirar confianza en la ciudadanía, en la fuente de nuestro poder y en la fuente de nuestro presupuesto también". Rodolfo Luis Vigo, "Responsabilidad ética del funcionario judicial", *Serie Ética Judicial*, núm. 13, México SCJN, (2007), 27-28.

35 UNODC, «Los principios de Bangalore sobre la conducta judicial», 2019, consultado el 23 de agosto, 2023, https://www.unodc.org/documents/ji/training/19-03891_S_ebook.pdf

36 Cumbre Judicial Iberoamericana, «Código Iberoamericano de Ética Judicial», 2017, consultado el 4 de septiembre, 2023, http://www.cumbrejudicial.org/productos-y-resultados/productos-axiologicos/item/33-codigo-iberoamericano-de-etica-judicial

37 CIEJ, «Código Iberoamericano de Ética Judicial», 3.

II.3. ¿Abarca la ética judicial la vida privada de las personas juzgadoras?

Es aún un tema debatido si la ética judicial debe conllevar exigencias en el ámbito de la vida privada de las personas juzgadoras o si debe limitarse solo a la esfera pública y al desarrollo de la función. No obstante, cada vez son más los que reconocen que la ética representa, desde luego, exigencias también para la vida privada,[38] lo que significa una apuesta por la integridad. Nuevamente el argumento se vincula al especial papel de la judicatura en la sociedad y a la generación de confianza, sobre la cual comenta Malem que:

> Una de las razones que con mayor insistencia se aduce para exigir que los jueces lleven una vida privada ordenada es que no solo deben tomar decisiones conforme a derecho y cumplir con los demás deberes impuestos por el sistema del juez, sino que deben evitar cualquier comportamiento impropio o que tenga la apariencia de incorrección. [...]
>
> Esto se debe a que el sistema judicial se asienta en parte en la confianza que tienen depositada los ciudadanos en que los jueces tomarán decisiones imparciales, independientes y fundadas solo en derecho. Por ese motivo, deben eludir cualquier comportamiento que tienda a debilitar ese convencimiento.[39]

En las normativas de ética judicial, el alcance de la ética a la vida privada[40] se ha manifestado en el reconocimiento

---

38 Claro que Malem no es radical en este sentido y advierte que centrarse demasiado en la vida privada puede dejar de lado la atención en el desempeño de la función. Cfr. Malem, *Los jueces: ideología, política,* 79.

39 Malem, *Los jueces: ideología, política,* 76-77.

40 Vigo distingue más bien tres aspectos: 1) la vida estrictamente profesional; 2) la vida pública no profesional; y 3) la vida estrictamente doméstica o privada. Con esta distinción reconoce que la ética judicial claramente se extiende a los dos primeros aspectos, lo que implica

de exigencias especiales a las personas juzgadoras, las cuales resultan ser mayores que las planteadas al resto de los ciudadanos.

Nuevamente, tanto los Principios de Bangalore como el Código Iberoamericano de Ética Judicial son ejemplo de este reconocimiento, retomado también por códigos de ética nacionales y locales, como es el caso del Código de Conducta del Poder Judicial del Estado de México, el cual, en su artículo 30, relativo a la salvaguarda del principio de integridad, en su fracción III, establece que "La juzgadora y el juzgador deben ser conscientes que el ejercicio de la función jurisdiccional supone exigencias que no rigen para el resto de la ciudadanía".[41]

---

en cierta forma una disminución de privacidad de la persona juzgadora. Esto resulta razonable, dice, tanto por el poder que la sociedad deposita en las personas juzgadoras como por la libre aceptación de ese poder por parte de esta última: la persona juzgadora "ha aceptado el cargo que le ofreció la sociedad con sus ventajas y desventajas". Los riesgos de este control, sin embargo, deben matizarse, bajo un *test* de racionalidad: el interés y foco en la vida pública no profesional del juez es admisible solo si es racional. Cfr. Vigo, «III. Preguntas, objeciones», 63-64; y Vigo, «Responsabilidad», 20-21.

41 «Anexo Dos. Código de Conducta del Poder Judicial del Estado de México del Acuerdo del Pleno del Consejo de la Judicatura del Poder Judicial del Estado de México, en sesión extraordinaria de catorce de noviembre de dos mil veintidós, por el cual se aprueba la Política de Integridad del Poder Judicial del Estado de México, conformada por los instrumentos normativos siguientes: el Nuevo Código de Ética, el Código de Conducta, los Lineamientos para la integración y funcionamiento del Comité de Ética y Prevención de Conflictos de Interés, y el Protocolo de actuación para la recepción y seguimiento a las denuncias por incumplimiento o violación al Código de Ética y Código de Conducta, todos del Poder Judicial del Estado de México», *Periódico Oficial. Gaceta del Gobierno del Estado Libre y Soberano de México*, Tomo CCXIV, n. 104, Sección Primera, lunes 5 de diciembre de 2022, consultado el 23 de agosto, 2023,

Como consecuencia, estas exigencias especiales sí que suponen, en algunos casos razonables, limitaciones al comportamiento de las personas juzgadoras en el ámbito de su vida privada, siempre atendiendo a la dignidad del encargo y a no incidir negativamente en la confianza de la sociedad.

III. EL USO DE REDES SOCIALES POR PARTE DE LAS PERSONAS JUZGADORAS

Delineado el contexto especialmente complejo en el que se desenvuelven las sociedades actuales y enfatizada la necesidad de un *ethos* judicial que proyecta determinadas exigencias de comportamiento a las personas juzgadoras (no limitado al cumplimiento de las obligaciones jurídicas, al ámbito estricto de la función ni a un perfil exclusivamente técnico), se tienen elementos para abordar la cuestión del uso de redes sociales por parte de los servidores judiciales.

En el empleo de redes sociales, como en el resto de su comportamiento, las personas juzgadoras deben observar las exigencias aplicables que plantea la ética judicial,[42] así como los principios, valores y compromisos que dan contenido a ese *ethos* propio que define y da sentido a su función. En este camino, además, deberá tenerse presente la complejidad y los riesgos que plantean las dinámicas de una

---

https://legislacion.edomex.gob.mx/sites/legislacion.edomex.gob.mx/files/files/pdf/gct/2022/diciembre/dic051/dic051g.pdf

42 En una importante recomendación (que será un referente principal en lo que sigue), la Comisión Iberoamericana de Ética Judicial (CIEJ) reconoce que, si bien las redes sociales no están contempladas expresamente por el Código Iberoamericano de Ética Judicial, su uso no debe vulnerar sus principios. Cfr. CIEJ, «Uso ético de las redes sociales. Recomendación de la Comisión Iberoamericana de Ética Judicial», *Ética Judicial. Cuaderno 9*, Vol. 5, núm. 2, Consejo de Notables del Poder Judicial de Costa Rica, (julio-diciembre, 2016), 11.

sociedad de la transparencia y la información en el marco de una era de vertiginoso desarrollo tecnológico y comunicacional.

Como lo reconoció en 2015 la Comisión Iberoamericana de Ética Judicial (CIEJ), no existe en la normativa una ética aplicable a la judicatura ni referencia expresa al uso de redes sociales por parte de las personas juzgadoras.[43] No obstante: 1) esta es una cuestión que cada día tiene una mayor centralidad y genera inquietud para las judicaturas de los estados, y 2) es un asunto, además, que toca de manera transversal prácticamente todos los principios contenidos en las normativas éticas.[44]

Atendiendo a lo anterior, aquí se abordará directamente la materia a través de un ejercicio dialéctico que presente, en primer lugar, algunos argumentos a favor del uso de redes sociales por parte de la judicatura en general y de las personas juzgadoras en particular, y, en segundo lugar, ciertos argumentos en contra del uso de las redes o, al menos, que identifiquen riesgos potenciales de afectación a los principios, valores y compromisos que integran las exigencias éticas de la función jurisdiccional.

---

43 Aunque tampoco es abundante, en el campo de la normativa jurídica, sí se han desarrollado ya algunas previsiones en torno a la regulación del uso de redes sociales, sobre todo en lo que incide en materia de salvaguarda de datos y protección penal, civil y de propiedad intelectual. Cfr. Albert Agustinoy Guilayn y Jorge Monclús Ruiz, *Aspectos legales de las redes sociales,* (Barcelona: Bosch, Colección Práctica Jurídica, 2019).

44 "Casi todos los tópicos contenidos en el Código sino todos quedan atravesados por el uso de redes sociales. Así, la independencia, la imparcialidad, la responsabilidad institucional, la cortesía, la integridad, la transparencia, el secreto profesional y la prudencia, todos cobran características que merecen consideración". CIEJ, «Uso ético de las redes sociales», 7.

En este contraste, se tomarán dos referentes indispensables como guía: por un lado, la Recomendación emitida por la CIEJ en diciembre de 2015, derivada de una consulta realizada por parte del Poder Judicial de la República de Costa Rica (en adelante Recomendación), y, por otro lado, las Directrices no vinculantes sobre el uso de redes sociales por los jueces, emitidas en 2018 por la Red Mundial de Integridad Judicial, plataforma surgida en el marco de la Oficina de las Naciones Unidas contra la Droga y el Delito, UNODC, (en adelante Directrices), y, finalmente, los Códigos de Ética y de Conducta del Poder Judicial del Estado de México, como documentos deontológicos que rescatan los parámetros para el uso de redes sociales por parte de los integrantes del Poder Judicial del Estado de México.

Un preámbulo necesario para el abordaje (con el que comienzan tanto la Recomendación como las Directrices) es tomar en cuenta los rasgos distintivos y comunes de las diversas redes sociales. Como se afirmó, dichas redes constituyen el desarrollo comunicacional más relevante de nuestro tiempo, pero su diversidad plantea la necesidad de conocer sus múltiples y específicos alcances.

Si las propias redes fueron pensadas y diseñadas para usos determinados, es importante destacar cómo sus características pueden generar riesgos diversos y requerir medidas prudenciales diferenciadas. En el análisis que realiza la Recomendación[45] se advierte la relevancia de atender al tipo de formato que permiten ciertas plataformas (texto, imagen, audio, vídeo); al tipo de contenidos (incluyendo su extensión, peso y temática); al propósito específico para el que fueron lanzadas (profesional o interconexión personal privada, por ejemplo, Linkedln y Facebook, respectivamen-

45 CIEJ, «Uso ético de las redes sociales», 4-5.

te); a la interacción que permiten (unidireccional, bidireccional, multidireccional); o a la garantía de privacidad.

Estas variedades, que derivan en tipologías de redes,[46] han de ser tomadas en cuenta para un uso adecuado y ético por parte de las personas juzgadoras. No será lo mismo compartir una convicción sobre un tema delicado (político o social) a través de WhatsApp con un familiar o amigo cercano, que expresar esa misma idea en Twitter. En este sentido, no necesariamente tendrá el mismo impacto compartir una postura teórica sobre un tema jurídico en un *blog* especializado que en Twitter, incluso porque el margen de desarrollo argumentativo que permite cada una de estas plataformas es distinto.

III.1. Derechos de las personas juzgadoras y aspectos positivos del uso de redes

Si bien existe una diversidad cada vez mayor de redes sociales, lo cierto es que puede identificarse un objetivo común: son una base o plataforma "multipunto" en la que se montan actos comunicativos.[47] Con esta breve nota de caracterización resulta evidente que, independientemente de su variedad, las redes son vehículos que permiten y potencian el flujo informativo y, en la mayoría de los casos, establecen relaciones comunicativas. En este sentido, no resulta difícil comprender a las redes sociales como mecanismos que permiten el ejercicio de derechos especialmente importantes

---

46 Véase: Agustinoy Guilayn, *Aspectos,* 23-25.

47 Aquí solo se pretende destacar la potencialidad de interconexión y el objetivo comunicativo. Una definición técnicamente más acabada sería: "aquella plataforma tecnológica que permite a sus usuarios, a través de sus correspondientes perfiles, vincularse entre sí, creando sistemas cruzados e interactivos de generación y difusión de información". Agustinoy Guilayn, *Aspectos,* 22.

para nuestras sociedades: libertad de expresión, derecho a la información, derecho de asociación y de comunicación.

Hoy es común observar que gran parte de las demandas políticas y sociales, así como los debates públicos más álgidos, se desarrollan sobre las plataformas de redes sociales.[48] La rapidez de información que permiten estos mecanismos ha impactado también en la manera en que las personas se informan y conocen de forma inmediata los acontecimientos mundiales.[49] Los medios de comunicación han tenido que incursionar en esta línea, so pena de verse abismalmente desplazados en el tiempo.

Con estas características, las redes juegan un papel central en las dinámicas informativas y de relación comunicacional, y se han planteado como instrumentos de concreción de los derechos referidos, al grado de concebirse como potenciadores de la participación ciudadana y la democracia. Bajo esta perspectiva, en las sociedades actuales cual-

---

48 Solo por poner un ejemplo emblemático puede verse el desarrollo del movimiento *#MeToo.*, véase: «Cómo surgió el movimiento Me Too y cómo revivió en México», *Animal Político,* 27 de marzo, 2019, consultado el 23 de agosto, 2023, https://animalpolitico.com/verificacion-de-hechos/te-explico/como-surgio-el-movimiento-me-too-y-como-revivio-en-mexico

49 Esto genera otra característica sobre la que no abundaremos aquí: el potencial globalizador se ha dado gracias a los desarrollos telecomunicacionales. Dice Emilio Suñé Llinás: "Lo auténticamente determinante en la creación de la globalidad y no sólo de los mercados ha sido la expansión de unas telecomunicaciones transfronterizas, porque en sí mismas no son espaciales, sino metaespaciales [...]. Poco a poco se creó una *sociedad global de las telecomunicaciones*, una aldea global, en la gráfica expresión de McLuhan, que ya se ha convertido en una *Telecivitas Universal,* cuya savia vital es la información y la información acaso admita diástoles; pero nunca sístoles. Ya nada puede ser nunca más local, ni mucho menos aldeano". «Del derecho informático al derecho del ciberespacio y a la constitución del ciberespacio», México: Iuris Tantum, Núm. 17, (diciembre, 2006), 27.

quier restricción al uso de redes se traduce en un potencial detrimento de los derechos de libertad de expresión, de información e, incluso, de asociación.

Es siguiendo esta lógica que, en principio, con relación al uso de redes sociales, las normativas éticas coinciden en reafirmar el reconocimiento del derecho de las juezas y jueces a las libertades de creencias[50] y de expresión. Tanto la Recomendación como las Directrices, al abordar el análisis de la pertinencia y forma adecuada para desplegar un uso ético de las redes sociales por parte de las personas juzgadoras, comienzan enfatizando que, como toda persona, deben gozar de los derechos de libertad de expresión, de creencia, de asociación y reunión.[51] En efecto, hay un reclamo legítimo en la consideración de que, en su calidad de derechos humanos, no podría establecerse una restricción válida de estos en las personas juzgadoras.

No obstante, más allá de una perspectiva restrictiva, los derechos presentan modulaciones y formas de concreción especiales si inciden en otros derechos y principios. En este

---

50 Malem ha abundado en torno al derecho a una libertad ideológica y su modulación respecto de la función judicial. Cfr. Malem, *Los jueces: ideología, política.*

51 "El CE asume que asisten al juez los mismos derechos que a todas las personas, pero, estos derechos pueden experimentar restricciones particulares fundadas en la preservación de la función que ejercen." CIEJ, «Uso ético de las redes sociales», 6.
"Si bien los jueces, al igual que otros ciudadanos, tienen derecho a la libertad de expresión, de creencia, de asociación y de reunión, siempre deben comportarse de tal manera que conserve la dignidad de sus cargos y la imparcialidad e independencia del Poder Judicial". UNODC, «Directrices no vinculantes sobre el uso de redes sociales por los jueces», Red Mundial de Integridad Judicial, 2018, consultado el 4 de septiembre, 2023, https://www.unodc.org/ji/es/index.html#:~:text=La%20Red%20Mundial%20de%20Integridad,-Naciones%20Unidas%20contra%20la%20Corrupción..

caso, a la par del reconocimiento de los derechos de las personas juzgadoras se encuentra siempre la consideración de que los mismos han de ejercerse cuidando de no afectar la dignidad y naturaleza de la función. Esto cobra sentido con relación al *ethos* judicial que moldea la imagen pública de juezas y jueces a la que se ha aludido, y tiene su punto de justificación en el cuidado y fomento de la confianza ciudadana. ¿Cómo es que el uso de redes pudiera afectar la confianza de la ciudadanía en la función judicial? Es una cuestión que se abordará en el punto siguiente.

Antes, justo en la línea de generación de confianza, a la par del reconocimiento de los derechos de las personas juzgadoras, se suman argumentos a favor del uso de redes sociales, como las propias Directrices reconocen: "las redes sociales pueden generar oportunidades para difundir entre un público más amplio la experiencia de los jueces, aumentar la comprensión de la ciudadanía sobre las leyes y fomentar un entorno de justicia abierta y de cercanía a las comunidades en las cuales sirven los jueces".[52]

Esto no es menor para la ética judicial. La Carta de Derechos de las Personas ante la Justicia en el Espacio Judicial Iberoamericano (2002), por ejemplo, insiste de manera sustantiva en la accesibilidad, la atención y la especial difusión de la labor jurisdiccional frente a las personas, y enfatiza que "los poderes públicos impulsarán el empleo y aplicación de estos medios [telemáticos] en el desarrollo de la actividad de los órganos jurisdiccionales, así como en las relaciones de ésta con todas las personas".[53]

---

52 UNODC, «Directrices».

53 Cumbre Judicial Iberoamericana, «Carta de Derechos de las Personas ante la Justicia en el Espacio Judicial Iberoamericano», numeral 22, inciso a), (2002), consultado el 23 agosto, 2023, http://www.

En estas consideraciones, en el fondo se contienen al menos las siguientes afirmaciones en favor del uso de redes: 1) las redes sociales pueden ser un canal de comunicación directa, lo que genera cercanía con los justiciables; 2) el alcance de contacto se potencializa y produce una mayor difusión, lo que favorece el diálogo público; 3) la cercanía y la difusión de la labor jurisdiccional producen mayor transparencia y fortalecen el acceso a la información, lo que fomenta también la cultura jurídica de la sociedad; 4) esta transparencia abre otro canal relevante para la rendición de cuentas; 5) al generar cercanía, transparencia y rendición de cuentas se produce confianza ciudadana y, por tanto, se favorece la legitimidad; y 6) en su conjunto, estos elementos constituyen pilares de la justicia abierta.[54]

A pesar los rasgos positivos, es importante señalar que las propias Directrices matizan estas potencialidades no solo al advertir ciertas medidas para atenuar riesgos (que se mencionarán en el punto siguiente), sino también al encuadrar el uso de redes en un esquema institucional, más que personal de cada juzgadora y juzgador:

---

cumbrejudicial.org/productos-y-resultados/productos-axiologicos/item/32-carta-de-derechos-de-las-personas-ante-la-justicia

54 La cuestión de un "gobierno abierto", donde se encuadra la idea de "justicia abierta", se ha fijado en las agendas internacionales desde hace más de 15 años. La OECD lo ha incorporado como una línea de seguimiento para evaluar el Estado de derecho y como parte de su estrategia contra la corrupción y para generar una política de integridad. Cfr. OECD, https://www.oecd.org/gov/open-government/. Sobre el tema de justicia abierta en particular véase: Mónica Castillejos Aragón, «Atendiendo el llamado del Poder Judicial: los medios de comunicación y la justicia abierta», *Agenda Estado de derecho*, 8 de diciembre, 2021, consultado el 5 de septiembre, 2023, https://agendaestadodederecho.com/llamado-del-poder-judicial-los-medios-de-comunicacion-y-la-justicia-abierta/

10. El uso institucional (en contraste con el uso individual) de las redes sociales por parte de los tribunales puede, en circunstancias apropiadas, ser una herramienta valiosa para promover: (a) el acceso a la justicia; (b) la administración de justicia, en particular, la eficiencia judicial y la tramitación de casos con prontitud; (c) rendición de cuentas; (d) transparencia; y (e) confianza pública en la comprensión y respeto de los tribunales y el Poder Judicial.[55]

III.2. Riesgos en el uso de redes: derechos, principios y valores involucrados

Frente al panorama descrito líneas atrás, el uso de redes sociales por parte de las personas juzgadoras (y en general de los servidores judiciales) ha despertado inquietudes en diversos ámbitos, esencialmente por los riesgos que puede generar respecto a la legitimidad y buen funcionamiento de la función jurisdiccional. Especialmente ha levantado dudas por diversas experiencias particulares y focalizadas,[56] como lo son si determinado uso de las redes sociales por parte de juezas o jueces afecta (o no) de manera importante la confianza de los justiciables e impacta negativamente a los

---

55 OECD, «Directrices».

56 Solo por retomar algunos ejemplos: Cfr. CNN, «Jueza colombiana en medio de la polémica por fotos en Instagram: ¡No pienso cambiar!», consultado el 4 de septiembre, 2023, https://edition.cnn.com/videos/spanish/2020/10/12/jueza-colombia-fotos-instagram-vivian-polania-cucuta-credibilidad-justicia-pkg-fernando-ramos.cnn; y también el caso del uso de TikTok por un ministro de la Corte y el supuesto uso de erario para contratar asesor de redes: Alejandra Lisette, «Arturo Zaldívar aclaró contratación de un popular influencer para asesorar sus redes sociales», INFOBAE 23 de marzo, 2023, consultado 4 de septiembre, 2023, https://www.infobae.com/mexico/2023/03/23/arturo-zaldivar-aclaro-contratacion-de-un-popular-influencer-para-asesorar-sus-redes-sociales/?outputType=amp-type

principios éticos más esenciales de la función jurisdiccional, como la independencia y la imparcialidad.

En el fondo, la relevancia de evitar los riesgos de afectación a principios y valores éticos se encuentra vinculada al impacto negativo en los derechos de los propios justiciables y de la sociedad. Un ejemplo evidente y unánimemente reconocido es que la independencia judicial es el correlato y garantía del derecho de acceso a la justicia y a un juicio justo, así como la imparcialidad es un presupuesto del derecho a la igualdad y a la no discriminación.[57]

El propio Código de Ética del Poder Judicial del Estado de México (retomando la esencia del Código Iberoamericano de Ética Judicial) indica, en la fracción I, del apartado "B. Principios específicos orientados a las y los juzgadores", dentro del Capítulo II. Principios Rectores del Servicio Público del Poder Judicial", que:

> Independencia: Es la actitud que se debe asumir para rechazar toda influencia extraña al Derecho, proveniente del sistema social, de otros poderes, o de sus pares, que tienda a incidir en el trámite y resolución de los asuntos judiciales.

---

[57] Esto se observa prácticamente en toda normativa ética judicial. Los Principios Básicos relativos a la Independencia Judicial (1985), por ejemplo, refieren el reconocimiento de "el principio de la igualdad ante la ley, el derecho de toda persona a que se presuma su inocencia y el de ser oída públicamente y con justicia por un tribunal competente, independiente e imparcial establecido por la ley" que consagra la Declaración Universal de los Derechos Humanos, como fundamento de las directrices ahí establecidas. El Estatuto Universal del Juez, en su artículo 1 relativo a la Independencia, destaca que "los Jueces deben garantizar los derechos de toda persona a un proceso justo. [...] La independencia del juez resulta indispensable para el ejercicio de una justicia imparcial en el respeto a la ley". Consejo General del Poder Judicial Español, (1999), consultado el 23 de agosto, 2023, https://www.poderjudicialchiapas.gob.mx/archivos/manager/1822estatuto-universal-del-juez.pdf.

> Con ello se garantiza a la ciudadanía ser juzgada con parámetros jurídicos, como forma de evitar la arbitrariedad, realizar los valores constitucionales y salvaguardar los derechos fundamentales.[58]

En este sentido, las razones en contra del uso de redes sociales por parte de personas juzgadoras o, al menos, a favor de limitaciones especiales, se estructuran siempre con relación a garantizar los derechos de la sociedad y los justiciables, pero aluden de manera directa a la posible afectación de valores y principios reconocidos como parte del *ethos* judicial.

En esta línea de pensamiento, un cierto uso de redes por parte de las personas juzgadoras pueden poner en riesgo: 1) los datos personales e intimidad de personas que se encuentran en un proceso judicial, respecto de los cuales deben tomarse medidas de protección; 2) el principio de presunción de inocencia en juicios penales, lo que puede generar problemáticas de adelantamiento de criterio y propiciar juicios paralelos;[59] 3) la independencia, imparciali-

---

58 Código de Ética del Poder Judicial del Estado de México del Acuerdo del Pleno del Consejo de la Judicatura del Poder Judicial del Estado de México, 17.

59 ¿No afectan estos juicios sin garantías, estas acusaciones mediáticas apresuradas, los derechos de las personas involucradas?, ¿no se puede llegar a estigmatizar a personas, respecto de hechos cuyos procesos se encuentran en curso, han sido recién judicializados o, quizá, apenas comienza su investigación? Sobre este delicado punto, mucho se ha trabajado en relación a los medios de comunicación y el adecuado manejo de la información de juicios en proceso. En el ámbito europeo, por ejemplo, hay criterios específicos que destacan las medidas que las personas juzgadoras deben tener si realizan declaraciones ante los medios respecto de asuntos bajo su jurisdicción, destacando que la mera relevancia política del asunto no es impedimento para una manifestación, siempre que se salvaguarde la independencia e imparcialidad. Cfr. «Caso de

dad y objetividad, tanto si alguna manifestación realizada en redes genera percepción social de presión ilegítima o de parcialidad como si aumenta el riesgo de exposición de la persona juzgadora al hostigamiento y acoso;[60] 4) la confianza ciudadana y, por ende, la legitimidad de la institución en su conjunto, justo por apariencia de ejercicio inadecuado de la función (en tanto se ejerce de manera parcial, respondiendo a presiones o prejuicios); 5) la dignidad y finalidad del encargo, al proyectar una desmedida preocupación por reconocimiento social (populismo judicial); y 6) el adecuado funcionamiento del sistema probatorio, como garantía de un debido proceso.[61]

Kudeshina vs. Rusia», European Court of Human Rights, (2009), consultado el 23 de agosto, 2023, https://hudoc.echr.coe.int/fre#{%22itemid%22:[%22001-91501%22]}; y «Caso Wille vs. Liechtenstein», European Courts of Human Rights, (1999), consultado el 23 de agosto, 2023, https://globalfreedomofexpression.columbia.edu/wp-content/uploads/2021/09/CASE-OF-WILLE-v.-LIECHTENSTEIN.pdf Por otro lado, a menudo estos juicios paralelos no solo ponen en riesgo derechos de quienes son acusados y condenados sin garantías, sino que, por ello mismo, pueden generar afectaciones en la investigación y/o violaciones procesales en perjuicio también de las víctimas y ofendidos (como la contaminación probatoria o el efecto corruptor).

60 Cuestión advertida por la Comisión y la Corte Interamericana de Derechos Humanos desde hace varios años, por ejemplo, en Guatemala y Venezuela, donde se han proyectado afectaciones directas a la independencia. Cfr. «Caso Gudiel Álvarez y otros ("Diario Militar") vs. Guatemala», Corte Interamericana de Derechos Humanos, 8 de julio,2022, consultado el 23 de agosto, 2023, https://www.corteidh.or.cr/docs/medidas/gudiel_se_01.pdf; y «A 5 años de las protestas por la suspensión de facultades de la Asamblea Nacional: Venezuela debe reconstruir la independencia judicial», OEA, 5 de abril, 2022, consultado el 23 de agosto, 2023, https://www.oas.org/pt/CIDH/jsForm/?File=/es/cidh/prensa/comunicados/2022/070.asp

61 Sobre este último punto, por ejemplo, las Directrices advierten: "20. Se reconoce que las redes sociales hacen que sea mucho más fácil investigar a las partes en línea y descubrir cosas que no son parte de

Ante este escenario, no se trata de señalar solo los riesgos a los derechos, valores y principios, sino de advertir la forma en que estos pueden servir como parámetros orientadores para superar los riesgos y fomentar un uso ético de las redes por parte de las personas servidoras judiciales.

III.3. Ética judicial como parámetro orientador para el uso de redes sociales

La función judicial supone, antes que nada, un especial compromiso con la justicia y el derecho, por lo que, frente a una primera inquietud respecto a las modulaciones (limitaciones prudenciales) que tiene el ejercicio de los derechos de libertad de creencias, expresión y asociación a través de redes sociales por parte de las personas juzgadoras, surge de inmediato la consciencia del *ethos* judicial que plantea exigencias especiales que no rigen para el resto de ciudadanos, como señalan tanto el Código Iberoamericano de Ética Judicial (artículo 55)[62] como el Código de Conducta del Poder Judicial del Estado de México (artículo 30, fracc. III).[63]

---

la evidencia que consta ante el tribunal. Los jueces deben abstenerse de investigar los aspectos de un caso en línea y actuar con respeto a las reglas de la prueba que le corresponden de acuerdo con las diferentes jurisdicciones", OECD, «Directrices».

62 «Artículo 55. El juez debe ser consciente de que el ejercicio de la función jurisdiccional supone exigencias que no rigen para el resto de los ciudadanos".

63 "Artículo 30. Para salvaguardar el principio de integridad: III. La juzgadora y el juzgador deben ser conscientes que el ejercicio de la función jurisdiccional supone exigencias que no rigen para el resto de la ciudadanía" Anexo Dos. Código de Conducta del Poder Judicial del Estado de México del Acuerdo del Pleno del Consejo de la Judicatura del Poder Judicial del Estado de México".

Aunque extensa, es pertinente recuperar la forma en que Vigo, acudiendo a ejemplos concretos, expresa este tipo de exigencia:

> Esta especie de "contrato" que hemos celebrado implícitamente con la sociedad, viene con una serie de beneficios, pero también con una serie de restricciones y limitaciones; por ejemplo, nuestro espacio de privacidad, que si bien conservamos, tiene ciertos recortes, puesto que así lo hemos querido voluntariamente aceptar; yo, sin duda, tengo una especie de deuda con la sociedad desde el momento que he aceptado ser juez, ciertas restricciones; yo no puedo, por ejemplo, comportarme fuera de mi horario de trabajo, supongamos, siendo jefe de la barra brava de Boca Juniors (para poner un ejemplo grotesco), aunque me guste mucho Boca y aunque tenga ganas de ser jefe de la barra brava de Boca fuera del horario de trabajo, porque sin duda habría un reproche muy fuerte de la sociedad. De la misma manera, por ejemplo, en mi código de ética, los jueces tenemos como una de las exigencias éticas la austeridad republicana; si yo no fuera juez, no juzgaría esta limitación en términos de los objetos que poseo y que exhibo ante la sociedad y por ende podría andar, así, impúdicamente con un Ferrari Testarossa, y no habría ningún problema; pero como soy juez, y nadie me ha obligado a serlo, aparecen estas restricciones que la sociedad, a la hora de otorgarme este poder inmenso de resolverle sus problemas, me impone, me reclama.[64]

En tanto se admite lo anterior, los principios y valores que delinean el *ethos* judicial, en tanto exigencias reconocidas en las normativas éticas, constituyen parámetros orientadores para el comportamiento de las personas juzgadoras, incluyendo el uso de redes sociales.

Al respecto, la Recomendación destacó lo siguiente: 1) que las personas juzgadoras se informen exhaustivamente

---

64 Vigo, *Responsabilidad*, 20-21.

del alcance de las redes, incluyendo las posibles distorsiones que se generen de la información en ellas vertida; esto apunta a enfatizar la conveniencia de la capacitación en el tema, lo que rescata en sus recomendaciones puntuales; 2) en el uso de las redes, deben tomarse en cuenta las condiciones locales, es decir, los valores de la sociedad en la que las personas juzgadoras prestan sus función; 3) debe cuidarse que su pertenencia a grupos o a manifestaciones no parezca ante un observador razonable, que abandera una postura política o tiene posiciones influidas ilegítimamente; 4) debe evitar apariencia de alguna influencia y de que interfiere con sus opiniones en la independencia de otras personas juzgadoras; 5) debe evitarse afectar la imparcialidad, cuidando los contactos en red (partes, abogados que llevan un asunto en su estrado), las opiniones que vierte en la misma y la asociación a determinados grupos; 6) debe evitar mermar el respeto y dignidad del encargo lo que impacta en la confianza y legitimidad (*auctoritas*), no emitiendo manifestaciones impropias; y 7) debe cuidar el secreto profesional y la reserva, evitando difundir información obtenida por encargo, sin adoptar medidas de protección de datos ni adelantar criterios. En definitiva, insiste en el principio de integridad.[65]

Por su parte, las Directrices han puesto énfasis en que, al hacer uso de redes sociales, las personas juzgadoras deben considerar como parámetros guía los Principios de Bangalore (2002), donde pueden destacar las exigencias siguientes: 1) la actuación de las juezas y jueces debe siempre mostrarse ante un observador razonable como libre de influencia, con miras a generar la confianza pública (Independencia); 2) la conducta tampoco debe parecer parcial ante un observador razonable y esto abarca el comportamiento tanto

---

[65] Cfr. CIEJ, «Uso ético de las redes sociales. Recomendación».

dentro como fuera del tribunal (Imparcialidad); 3) debe procurarse siempre la confianza pública y estar por encima de cualquier reproche de un observador razonable (Integridad); 4) se aceptan restricciones que pueden ser consideradas cargas para el resto de los ciudadanos, pero que se justifican para salvaguardar la dignidad del encargo; en este sentido, no debe aparentar favoritismo, no se debe revelar información y el derecho de libertad de expresión se debe ejercer cuidando siempre conservar la dignidad del cargo, la independencia y la imparcialidad de la función (Corrección); 5) debe mantenerse el decoro, paciencia, dignidad y cortesía en el comportamiento de las personas juzgadoras (Competencia y diligencia).[66]

Además, las Directrices destacan que, si bien es conveniente que las personas juzgadoras se encuentren involucradas en la comunidad en la que actúan, lo que puede suponer la conveniencia del uso de redes, esta participación la deben realizar cuidando siempre de no afectar la confianza pública, el derecho a un juicio justo, la imparcialidad, la integridad y la independencia. Esto exige a las juezas y jueces estar al tanto de las potencialidades de los avances tecnológicos (incluso para generar evidencia), lo que pone de relieve la capacitación que las personas servidoras judiciales necesitan recibir en torno al uso de redes. La referencia a la capacitación incluso ocupa un apartado específico de las Directrices, en el que se enfatiza que al menos debe abordar las siguientes cuestiones: ¿qué plataformas existen? ¿Cómo funcionan? ¿Qué beneficios pueden tener? ¿Cuáles son los riegos que pueden generar? ¿Cómo se debe participar y cómo informar a la familia respecto del uso adecuado?

---

66 A los cinco principios rescatados debe sumarse el de Igualdad-Equidad, que no ha sido destacado aquí, dado que únicamente se incorporan los contenidos que se consideran más directamente aplicables respecto al uso de redes.

¿Cómo orientar al personal sobre el uso de redes?, y ¿por qué evitar buscar aspectos que no son parte de la evidencia por estos medios?

Como ya se ha destacado, las Directrices señalan en general que en el uso de redes las personas juzgadoras deben cuidar de mantener la autoridad moral, la integridad, el decoro y la dignidad de su función, así que deben considerar siempre que la información compartida en redes permanece y que las acciones pequeñas (como dar un *like*) pueden tener implicaciones potenciales. Además, se requiere que cuiden que la intensidad que se proyecta en el uso de redes no interfiera en su función.

Por otro lado, las Directrices advierten la posibilidad de que, en la conveniencia, las personas juzgadoras se identifiquen con su nombre y cargo en redes, y señalan que deben comprender bien la naturaleza de la plataforma en la que participan y evaluar si atender a ello es beneficioso o, por el contrario, es mejor separar su identidad privada de la profesional. No existe de inicio ninguna objeción en torno al uso de pseudónimos en este ámbito, siempre que esto no se haga con el objetivo de realizar conductas fuera de la ética.

Asimismo, las Directrices señalan puntualmente algunas limitaciones o deberes para el uso adecuado de redes: 1) en general, evitar expresar o compartir cualquier contenido que pueda afectar la independencia, integridad, corrección, imparcialidad, un juicio justo y la confianza; 2) no participar en intercambios sobre casos presentados o por presentar en su órgano; 3) tener cautela en el tono y uso del lenguaje; 4) proyectar un trato digno y respetuoso; 5) abstenerse de investigar aspectos de un caso a través de este medio y atenerse a las reglas de la prueba aplicables; 6) considerar si el contenido compartido antes de ocupar encargo puede afectar confianza pública y evaluar si es conveniente eliminarlo; 7) si ha sido insultado o abusado, abstenerse de responder ataques; 8) mantenerse informado en redes, pero ser cauteloso al seguir o dar "me gusta" a cierto contenido o grupo; y 9) asegurarse de no utilizar redes para promover directa o indirectamente intereses familiares o financieros.

Los dos últimos puntos establecidos por las Directrices resultan relevantes, especialmente lo relativo a las relaciones de "amistad" y lo concerniente a la privacidad y seguridad. Sobre las relaciones y amistades en redes, señalan: 1) la obligación de tener cautela de estos vínculos para tratar evitar ser descalificados o tener que abstenerse del conocimiento de algún asunto; 2) la obligación de monitorear las cuentas y tener un protocolo para eliminar o bloquear alguna relación, cuando genere apariencia de parcialidad; 3) observar diligencia al establecer "amistades" en este medio, por lo que debe evitar aceptar o enviar solicitudes a las partes y/o a quienes actúen como testigos.

Por otro lado, sobre la privacidad y seguridad, se indica: 1) deber de familiarizarse con reglas de seguridad y privacidad; 2) evitar comentarios que puedan ser inadecuados frente al público; 3) ser conscientes de los riesgos de publicar información personal (por la autoexposición de su seguridad); y 4) ser conscientes de que la sociedad los percibe no solo por el uso que hacen de sus redes, sino por el tipo de información que reciben en ellas.

En definitiva, algunos de los principios específicos de la ética judicial, los cuales pueden tanto encontrarse en un riesgo inminente como ser constructores de parámetros de guía de actuación,[67] sintetizan la exigencia principal en el

---

[67] Como lo es el principio de integridad que el Código de Ética del Poder Judicial del Estado de México reconoce como el fundamento rector del servicio público del Poder Judicial tanto general, art. 4, apartado A, fr. XVI, como específico para orientar a los juzgadores, art. 4, apartado B, fr. XIV

tema de las redes sociales y su relación con los jueces: se debe actuar dentro y fuera de sus labores de manera congruente con los ideales que deben guiar su función para que impere una ética (un *ethos* judicial) que responda al interés público y genere certeza en su conducta frente a toda persona (confianza y legitimidad).

IV. BIBLIOGRAFÍA

«A 5 años de las protestas por la suspensión de facultades de la Asamblea Nacional: Venezuela debe reconstruir la independencia judicial», OEA, 5 de abril, 2022, consultado el 23 de agosto, 2023, https://www.oas.org/pt/CIDH/jsForm/?File=/es/cidh/prensa/comunicados/2022/070.asp

«Anexo Dos. Código de Conducta del Poder Judicial del Estado de México del Acuerdo del Pleno del Consejo de la Judicatura del Poder Judicial del Estado de México, en sesión extraordinaria de catorce de noviembre de dos mil veintidós, por el cual se aprueba la Política de Integridad del Poder Judicial del Estado de México, conformada por los instrumentos normativos siguientes: el Nuevo Código de Ética, el Código de Conducta, los Lineamientos para la integración y funcionamiento del Comité de Ética y Prevención de Conflictos de Interés, y el Protocolo de actuación para la recepción y seguimiento a las denuncias por incumplimiento o violación al Código de Ética y Código de Conducta, todos del Poder Judicial del Estado de México», *Periódico Oficial. Gaceta del Gobierno del Estado Libre y Soberano de México,* Tomo CCXIV, núm. 104, Sección Primera, 5 de diciembre, 2022, consultado el 23 de agosto, 2023, https://legislacion.edomex.gob.mx/sites/legislacion.edomex.gob.mx/files/files/pdf/gct/2022/diciembre/dic051/dic051g.pdf

Agustinoy Guilayn, Albert y Jorge Monclús Ruiz, *Aspectos legales de las redes sociales*, Barcelona: Bosch, Colección Práctica Jurídica, 2019.

Atienza, Manuel, "Argumentación y Constitución", *Argumentación constitucional. Teoría y práctica*, Atienza, comps. Manuel y Rodolfo Luis Vigo, México: Biblioteca Porrúa de Derecho Procesal Constitucional, Porrúa-TEPJF-IMDPC, núm. 42, 2011.

Becker, Howard, *Outsiders hacia una sociología de la desviación*, Buenos Aires: Siglo XXI, 2009.

Bentham, Jeremy, *Panóptico*, trad. David Cruz Acevedo, Madrid: Círculo de Bellas Artes, 2011.

Cárdenas, Salvador, *El juez y su imagen pública. Una historia de la judicatura mexicana*, México: SCJN, 2006.

«Caso de Kudeshina vs. Rusia», European Court of Human Rights, (2009), consultado el 23 de agosto, 2023, https://hudoc.echr.coe.int/fre#{%22itemid%22:[%22001-91501%22]}

«Caso Gudiel Álvarez y otros ("Diario Militar") vs. Guatemala», Corte Interamericana de Derechos Humanos, 8 de julio, 2022, consultado el 23 de agosto, 2023, https://www.corteidh.or.cr/docs/medidas/gudiel_se_01.pdf

«Caso Wille vs. Liechtenstein», European Courts of Human Rights, (1999), consultado el 23 de agosto, 2023, https://globalfreedomofexpression.columbia.edu/wp-content/uploads/2021/09/CASE-OF-WILLE-v.-LIECHTENSTEIN.pdf

Castillejos Aragón, Mónica, «Atendiendo el llamado del Poder Judicial: los medios de comunicación y la justicia abierta», *Agenda Estado de derecho*, 8 de diciembre, 2021, consultado el 5 de septiembre, 2023, https://agendaestadodederecho.com/llamado-del-poder-judicial-los-medios-de-comunicacion-y-la-justicia-abierta/

CIEJ, «Uso ético de las redes sociales. Recomendación de la Comisión Iberoamericana de Ética Judicial», *Ética Judicial. Cuaderno 9*, Vol. 5, núm. 2, Consejo de Notables del Poder Judicial de Costa Rica, julio-diciembre, 2016,

CIEJ, «Código Iberoamericano de Ética Judicial», Cumbre Judicial Iberoamericana, 2014, consultado el 23 de agosto de 2023, https://www.oas.org/juridico/PDFs/mesicic5_mex_ane_57.pdf.

CNN, «Jueza colombiana en medio de la polémica por fotos en Instagram: ¡No pienso cambiar!», consultado el 4 de septiembre, 2023, https://edition.cnn.com/videos/spanish/2020/10/12/jueza-colombia-fotos-instagram-vivian-polania-cucuta-credibilidad-justicia-pkg-fernando-ramos.cnn

Poder Judicial del Estado de México, «Código de Ética del Poder Judicial del Estado de México del Acuerdo del Pleno del Consejo de la Judicatura del Poder Judicial del Estado de México», consultado el 25 de agosto, 2023, http://www.pjedomex.gob.mx/calidad/documentos/adjuntados/Codigo_Etica[1].pdf

«Cómo surgió el movimiento Me Too y cómo revivió en México», *Animal Político*, 27 de marzo, 2019, consultado el 23 de agosto, 2023, https://animalpolitico.com/verificacion-de-hechos/te-explico/como-surgio-el-movimiento-me-too-y-como-revivio-en-mexico

Consejo General del Poder Judicial Español, «Estatuto Universal del Juez», 1999, consultado el 23 de agosto, 2023, https://www.poderjudicialchiapas.gob.mx/archivos/manager/1822estatuto-universal-del-juez.pdf.

«Convención de las Naciones Unidas contra la Corrupción», ONU, 2003, consultado el 26 de agosto, 2023, https://www.unodc.org/pdf/corruption/publications_unodc_convention-s.pdf

Cumbre Judicial Iberoamericana, «Carta de Derechos de las Personas ante la Justicia en el Espacio Judicial Iberoamericano», numeral 22, inciso a), 2002, consultado el 23 agosto, 2023, http://www.cumbrejudicial.org/productos-y-resultados/productos-axiologicos/item/32-carta-de-derechos-de-las-personas-ante-la-justicia

Cumbre Judicial Iberoamericana, «Código Iberoamericano de Ética Judicial», 2017, consultado el 4 de septiembre, 2023, http://www.cumbrejudicial.org/productos-y-resultados/productos-axiologicos/item/33-codigo-iberoamericano-de-etica-judicial

Foucault, Michel, *Nacimiento de la biopolítica. Curso en el Collège de France (1978-1979)*, trad. Horacio Pons, Buenos Aires: FCE, 2007.

García de Enterría, Eduardo, *La lengua de los derechos. La formación del Derecho Público europeo tras la Revolución Francesa*, Madrid: Civitas, 2ª edición, 2001.

Han, Byung-Chul, *La sociedad de la transparencia*, trad. Raúl Gabás, Madrid: Herder, 2021.

Kelsen, Hans, «La garantía jurisdiccional de la Constitución (La Justicia Constitucional)», *Anuario Iberoamericano de Justicia Constitucional*, trad. de Rolando Tamayo y Salmorán, núm. 15, España, 2011.

Kersting, Wolfgang, *Filosofía Política del Contractualismo Moderno*, México: DAAD-Goethe Institut-UAM Iztapalapa-Plaza y Valdés, 2001.

Lisette, Alejandra, «Arturo Zaldívar aclaró contratación de un popular influencer para asesorar sus redes sociales»,

INFOBAE 23 de marzo, 2023, consultado 4 de septiembre, 2023, https://www.infobae.com/mexico/2023/03/23/arturo-zaldivar-aclaro-contratacion-de-un-popular-influencer-para-asesorar-sus-redes-sociales/?outputType=amp-type

Malem Seña, Jorge, «¿Pueden las malas personas ser buenos jueces?», *Doxa: Cuadernos de filosofía del derecho,* núm. 24, Alicante, 2001, 379-403, consultado el 23 de agosto, 2023, https://rua.ua.es/dspace/bitstream/10045/10214/1/doxa24_14.pdf#:~:text=Una%20mala%20persona%20podr%C3%ADa%20llegar,ese%20sentido%2C%20un%20buen%20juez.&text=Que%20una%20mala%20persona%20pueda,conclusi%C3%B3n%20f%C3%A1cilmente%20aceptada%20por%20todos.

Malem Seña, Jorge, *El error judicial y la formación de los jueces,* Barcelona: Gedisa, 2008.

Malem Seña, Jorge, *Los jueces: ideología, política y vida privada,* México: Instituto de la Judicatura Federal-Tirant lo Blanch, 2017, consultado el 23 de agosto, 2023, https://www.pj.gob.pe/wps/wcm/connect/a128a780408c33dc83e8b76976768c74/Jueces+ideologia.pdf?MOD=AJPERES&CACHEID=a128a780408c33dc83e8b76976768c74

Marco Fabio Quintiliano, *Instituciones oratorias,* trad. Ignacio Rodríguez y Pedro Sandier, Tomo II, LXII, C1, Madrid: Perlado Páez y Cía., 1916.

Mattelart, Armand, *Un mundo vigilado,* trad. Gilles Multigner, Barcelona: Paidós, 2009.

Mayer-Schönberger, Victor y Kenneth Cukier, *Aprender con big data,* trad. José Adrián Viter, Madrid: Turner, 2018

Montesquieu, *Del espíritu de las leyes,* trad. Nicolás Estévanez, México: Porrúa, 19ª edición, 2013.

Müller, Hans-Peter, «Mercado, Estado y libertad individual. Acerca de la crítica sociológica de las teorías contractualistas individualistas», *La justicia ¿discurso o mercado? Los nuevos enfoques de la teoría contractualista,* comp. Lucian Kern y Hans-Peter Müller, trad. Ernesto Garzón Valdés, Madrid: Gedisa, 2000.

Paz, Octavio, "La mirada anterior. Prólogo", *Las enseñanzas de Don Juan,* Carlos Castaneda, trad. Juan Tovar, México: FCE, 2013.

Pérez Correa, Catalina, «¿Por qué las personas obedecen al derecho?: Desincentivo, normativismo y cumplimiento del derecho», *¿Por qué las personas obedecen al derecho?: Tom Tyler y el cumplimiento del derecho,* Bogotá: Editorial Universidad de los Andes, 2014.

Rawls, John, *El Liberalismo político,* trad. Antoni Domènech, Madrid: Crítica, 1996.

Saldaña Serrano, Javier, *Ética judicial. Virtudes del juzgador,* México IIJ-UNAm-SCJN, 2007.

Suñé Llinás, Emilio, «Del derecho informático al derecho del ciberespacio y a la constitución del ciberespacio», *Iuris Tantum,* México, Núm. 17, diciembre, 2006.

UNODC, «Directrices no vinculantes sobre el uso de redes sociales por los jueces», Red Mundial de Integridad Judicial, 2018, consultado el 4 de septiembre, 2023, https://www.unodc.org/ji/es/index.html#:~:text=La%20Red%20Mundial%20de%20Integridad,Naciones%20Unidas%20contra%20la%20Corrupción.

UNODC, «Los principios de Bangalore sobre la conducta judicial», 2019, consultado el 23 de agosto, 2023, https://www.unodc.org/documents/ji/training/19-03891_S_ebook.pdf

Vigo, Rodolfo Luis, "Responsabilidad ética del funcionario judicial", *Serie Ética Judicial*, núm. 13, México: SCJN, 2007.

Vigo, Rodolfo Luis, «III. Preguntas, objeciones, riesgos y justificación de la Ética Judicial», *Códigos de Ética Judicial, derecho disciplinario y justificación de la ética del Juez*, comps. Juan Díaz Romero, Andrés Ollero Tassara y Rodolfo Luis Vigo, *Serie Ética Judicial*, núm. 19, México: SCJN, 2010.

Vigo, Rodolfo Luis, *Constitucionalización y judicialización del derecho. Del Estado de derecho legal al estado de derecho constitucional*, México: Porrúa-UP, 2016.

Williams, James, *Clics contra la humanidad. Libertad y resistencia en la era de la distracción tecnológica*, trad. Álex Gibert, Madrid: Gatopardo Ensayo, 3ª edición, 2021.